AF452995

LA
CLÉ PERDUE.

PUBLIÉ PAR LA SOCIÉTÉ DES LIVRES RELIGIEUX
DE TOULOUSE.

C.

TOULOUSE, IMPRIMERIE DE A. CHAUVIN ET FILS, RUE MIREPOIX, 3.

LA TENTATION.

LA
CLÉ PERDUE.

OUVRAGE POUR LA JEUNESSE.

Troisième édition.

TOULOUSE

SOCIÉTÉ DES LIVRES RELIGIEUX.

DÉPÔT : RUE ROMIGUIÈRES, 7.

1869

LA
CLÉ PERDUE.

CHAPITRE PREMIER.

La fête de l'école.

Bien des années avant que vous fussiez nés,
mes jeunes lecteurs, vivait dans un petit village
un monsieur qui s'appelait M. Dupré. Il appartenait à ce que l'on nomme l'ancien régime ; et
comme j'aurai occasion de vous parler de lui
plus d'une fois dans le courant de mon histoire,
je ne ferai pas mal, ce me semble, de vous le
faire connaître avec quelques détails.

Son visage respirait la bienveillance, et le sourire le plus engageant se jouait ordinairement sur
ses lèvres. Ses cheveux blancs se montraient sous
les larges ailes de son chapeau à l'ancienne mode.
Il portait un habit long, des bas de soie noirs,
des souliers à boucles d'argent, et il s'appuyait

en marchant sur une canne à pomme d'or. Je ne sais comment cela se faisait, mais tout le monde aimait M. Dupré. Les vieilles infirmes, de l'asile des pauvres , lorsqu'elles le voyaient venir , allaient clopin-clopant jusqu'à la porte , afin de recevoir le mot, ou, s'il était trop pressé pour parler, le regard de bonté qu'il ne manquait jamais de leur adresser en passant. Les jeunes garçons quittaient leurs amusements sur la place du village quand ils entendaient son pas, dans l'espoir qu'il viendrait leur dire quelque chose. Les enfants s'empressaient de sortir sur la porte de leurs chaumières pour lui faire la révérence, sachant que, s'ils n'en étaient pas récompensés par une pomme ou par une dragée (ce qui arrivait souvent, car les poches du vieux monsieur étaient rarement vides), ils le seraient du moins, ou par un signe de tête , ou par un sourire , ou par un petit coup amical de la canne à pomme d'or.

M. Dupré vivait dans une antique maison, construite en briques rouges, avec de hauts pignons et plusieurs cheminées, dont quelques-unes étaient entourées de lierre. Il y avait un jardin comme l'on en voyait beaucoup alors, mais qui maintenant semblerait fort extraordinaire. Les allées étaient longues et droites; les arbres et les haies étaient taillés avec régularité, et quel-

ques-uns de la manière la plus curieuse. Par
exemple, il y avait un if auquel on avait fait
prendre la forme d'un paon, un autre celle d'un
fauteuil, etc. Et les fleurs, qu'elles étaient brillantes! Elles n'avaient pas de ces interminables
noms latins que peu de personnes peuvent pro-
noncer et encore moins retenir ; c'étaient des
fleurs telles qu'on en peut trouver dans le jardin
de toutes les chaumières, et portant tout bonne-
ment des noms vulgaires. Il y avait des chèvre-
feuilles, des lilas et des roses en abondance ; çà
et là, dans quelque coin ombragé où il semblait
que rien ne pût fleurir, on trouvait le muguet
des vallées, la violette au doux parfum et la gra-
cieuse petite primevère. Je suis allé, depuis lors,
dans plusieurs jardins plus grands et plus beaux
que celui de M. Dupré, mais jamais assurément
je n'en ai vu un seul qui me plût la moitié autant, ou dans lequel les fleurs me semblassent
aussi jolies.

Mais ce n'était pas tout. Attenant au jardin,
il y avait un pré dans lequel paissaient deux vaches, qui non-seulement fournissaient la famille
de crème et de beurre, mais qui encore donnaient
chaque matin plusieurs jattes de lait aux pauvres
familles des environs. A côté du pré se trouvaient
le jardin potager et le verger, où pendant l'automne mûrissaient en abondance des pommes

de toutes espèces et de toutes grosseurs, depuis les petites pommes rouges que M. Dupré donnait quelquefois aux enfants quand ils étaient sages, jnsqu'aux grosses pommes vertes, avec lesquelles on faisait de délicieuses tourtes pour la fête de l'école, qui avait lieu chaque année, et dont je vais vous parler maintenant.

Il y avait dans le village deux écoles : l'une pour les garçons et l'autre pour les filles mais il n'y en avait point pour les petits enfants ; car il n'existait pas alors de salles d'asile.

M. Dupré et sa famille s'occupaient beaucoup de ces deux écoles ; ils aimaient à voir les élèves suivre les classes avec régularité, se bien conduire, être propres et rangés. Je dois le dire, les enfants qui fréquentaient ces écoles étaient en général très-sages et plus respectueux dans leurs manières que ceux de nos jours. Chaque année on leur donnait un repas dans le petit pré dont j'ai fait mention plus haut. J'aimerais que toutes les écoles eussent une fête semblable, et lorsque je vous en aurai donné la description, je suis sûr que vous le désirerez aussi.

D'abord, les enfants se réunissaient sous une vaste tente à l'extrémité du pré. Au milieu de la tente, sur une table, étaient disposés divers objets destinés à être distribués en récompense aux élèves les plus méritants. Ensuite le pasteur arrivait avec un grand nombre de dames et de messieurs, et l'examen commençait; c'était toujours le pasteur lui-même qui le dirigeait. Le plus souvent, l'examen était fini au bout de deux heures; il était suivi de la distribution des prix. Après cela venait le goûter, composé de gâteaux de toute espèce, et suivi de jeux et d'amusements qui se terminaient par un feu d'artifice. Le tout finissait par le festin des tourtes aux pommes dont je vous ai parlé. Ensuite les enfants chantaient un cantique et se retiraient tranquillement chez eux. Ainsi se passait la fête, et c'est dans l'un de ces heureux jours que notre histoire commence.

Parmi les enfants rassemblés dans la prairie à cette occasion, on pouvait remarquer deux petits garçons qui se trouvaient souvent ensemble, et qui se mêlaient plus rarement que d'autres à leurs compagnons de jeux. Cela n'était pas très-étonnant, car ils étaient en quelque sorte étrangers, n'ayant habité le village que depuis très-peu de temps. Joseph et Henri Carton étaient cousins; mais quoiqu'ils fussent aussi proches parents, ils différaient autant de caractère et de dispositions que d'aspect et de manières. Joseph, l'aîné, était grand et mince; il avait des cheveux blonds et un joli teint. Sa manière de parler était douce et agréable, et aux yeux d'un observateur peu attentif, il aurait passé pour un petit garçon très-poli et très-aimable ; mais ceux qui le connaissaient bien surprenaient dans le coin de son petit œil gris et autour de ses lèvres minces et serrées une certaine expression qui n'était rien moins qu'agréable. Henri était tout autre : c'était un enfant petit et gros, avec des cheveux très-bruns et des yeux de la même couleur, qui ne semblaient jamais avoir peur de vous regarder en face ; ses manières étaient quelque peu brusques, mais il avait l'air si franc et si droit que l'on sentait tout de suite que l'on pouvait se fier à lui. Il était singulier que deux enfants si différents se trouvassent si souvent réunis ; et cependant il en était ainsi ; car, quoi-qu'ils ne fussent pas toujours d'accord, il semblait qu'Henri ne pût rien faire sans Joseph ni Joseph sans Henri. Il était évident pour tous que c'était toujours Joseph qui gouvernait, mais il s'y prenait d'une manière si habile qu'il faisait faire à son cousin tout ce qu'il voulait , sans qu'Henri lui-même s'en rendît compte.

Les enfants de l'école venaient de se livrer à un jeu très-animé, auquel Henri avait pris part sans son cousin. Il l'avait d'abord cherché en se demandant où il pouvait être ; mais bientôt entraîné par le jeu, il l'oublia. A la fin cependant, se trouvant très-fatigué, il alla s'étendre sur l'herbe, au bord d'un petit ruisseau qui coulait dans un coin de la prairie, et s'amusa à plonger ses mains brûlantes dans l'eau fraîche et limpide. C'était un des plus jolis endroits que l'on puisse voir. Les bords du ruisseau formaient un petit monticule de gazon, couvert de ces jolies fleurs que l'on appelle des myosotis ou « ne m'oubliez pas. » Une haie de saules et de buissons, portant des mûres, bordait le champ ; elle était garnie dans cet endroit par les festons du convolvulus sauvage, dont les boutons d'un blanc de neige semblaient caresser l'humble fleur bleue qui croissait à ses pieds. Henri aimait beaucoup les fleurs, non pas pour elles-mêmes, mais à cause de l'affection qu'avait pour elles son frère Charles. Il formait le projet de ramasser un gros bouquet de *ne m'oubliez pas* pour le lui apporter ; mais comme il étendait la main pour saisir le premier brin, son cousin Joseph arriva doucement.

— Henri, lui dit-il, que fais-tu là ? Lève-toi et viens avec moi.

— Oh ! attends un moment, jusqu'à ce que j'aie ramassé quelques myosotis, répondit Henri ; d'ailleurs, ajouta-t-il négligemment, je suis si fatigué que je veux me reposer un peu.

— C'est une bêtise que de ramasser ces fleurs ; suis-moi et je te montrerai quelque chose qui vaut la peine qu'on le ramasse.

— Qu'est-ce que c'est, Joseph? qu'est-ce que c'est? demanda Henri, dont la curiosité se réveilla.

— Je ne puis te le montrer, dit Joseph froidement, à moins que tu ne me promettes de ne pas en parler et que tu ne viennes avec moi tout de suite.

— Je ne dirai rien, s'écria Henri se levant avec vivacité et jetant les quelques fleurs qu'il avait ramassées. Mais qu'est-ce que c'est, Joseph? qu'est-ce que c'est? Où faut-il aller? Nous ne sortirons pas d'ici, n'est-ce pas? Tu sais que M. Dupré a dit que nous ne devions pas sortir de la prairie, ajouta-t-il, comme Joseph tournait un petit sentier ombragé qui conduisait à une extrémité du verger.

— Veux-tu te taire? lui dit son cousin en le poussant. Personne ne le saura, à moins que tu ne parles assez haut pour te faire entendre. Nous ne resterons pas cinq minutes. Viens aussi vite que tu pourras.

Ils avançaient le long d'un haut taillis.

— N'est-ce pas là le verger? demanda Henri.

— Tais-toi, dit Joseph.

Ils avaient atteint la porte; elle était entr'ouverte. Joseph la poussa doucement et regarda dans l'intérieur. Il ne vit personne; alors il avança d'un ou deux pas, suivi d'Henri, et dit à voix basse, en lui indiquant du doigt quelque chose dans l'un des sentiers :

— Ne sont-elles pas belles? Tu vois bien que personne n'en a besoin, puisqu'on les laisse là à terre.

Que voyaient-ils donc, nos deux enfants? Un pommier, chargé de ses beaux fruits roses, et plusieurs pommes dispersées autour sur l'herbe.

— Oh! qu'elles sont belles! s'écria Henri; mais pourquoi sommes-nous venus ici, Joseph? Nous ne pouvons pas les prendre; — elles ne sont pas à nous.

— Certainement, nous ne pouvons pas les prendre toutes, dit Joseph; mais je ne vois pas quel mal il y aurait à en prendre deux ou trois. Personne ne s'en apercevra. D'ailleurs, je sais que le jardinier nous en donnerait, s'il savait que nous en avons envie. On dit que M. Dupré lui permet d'en donner à qui il veut. Regarde comme il y en a! Prenons-en deux ou trois.

— Il vaudrait mieux ne pas le faire, dit Henri; peut-être nous en donnera-t-on quelques-unes tout à l'heure.

Henri se retourna-t-il pour s'en aller? Non, il resta là à regarder ce beau fruit.

— Que tu es nigaud! dit Joseph; personne ne peut nous voir.

Henri continua à regarder et à convoiter. Or,

comme dit l'Ecriture, quand la convoitise a conçu elle enfante le péché. Il entra donc avec Joseph et ramassa deux pommes ; Joseph en prit quatre.

« Tu ne déroberas point ! » a dit le Seigneur. C'était un vol. Voyez avec quelle rapidité un péché avait suivi l'autre !

CHARLES, LE PETIT INFIRME

CHAPITRE II.

Le petit infirme.

La fête de l'école était finie. Aux brillants reflets du soleil couchant avait succédé la pâle lueur du crépuscule ; déjà, dans un beau ciel d'été, se montrait la douce étoile du soir. Cette étoile brillait dans le monde sur bien des scènes différentes : les unes de joie, les autres de douleur, d'autres de méchanceté, d'autres de sainte paix et d'amour. Pour le moment, nous n'avons à parler que d'une seule.

Dans une petite chambre, percée d'une très-petite fenêtre devant laquelle pendait un rideau déchiré, était assis un petit garçon. Tout l'ameublement de la chambre consistait en un bois de lit vermoulu, garni d'un matelas et d'une pauvre couverture, en une vieille commode, une chaise cassée et une malle à côté du lit.

Sur cette malle était assis le petit garçon. Il était en partie déshabillé ; les habits qu'il venait de quitter se trouvaient à terre à ses pieds, et contre la malle était posée une petite béquille, dont la seule vue disait toute une triste histoire de peines et de souffrances, bien confirmée d'ailleurs par l'aspect de ce petit visage pâle et de ces membres amaigris. Il avait la tête penchée, et paraissait regarder avec plaisir quelque objet qui avait attiré son attention à travers un trou du rideau : c'était l'étoile du soir. Il était là depuis un moment tout seul, et silencieux, lorsqu'un autre petit garçon, plus âgé que lui, ouvrit la porte et entra.

— Tu n'es pas encore au lit, Charles? s'écriat-il d'une voix forte , mais qui exprimait la bonté. Pourquoi restes-tu debout si tard? Je croyais te trouver déjà endormi.

— Je pensais , Henri , dit l'enfant d'une voix douce. Est-il donc très-tard ? Il me semble qu'il n'y a pas longtemps que ma tante m'a fait monter, et je ne suis pas non plus resté longtemps en bas.

— Il est près de dix heures, répondit Henri ; et pourquoi es-tu si pensif, Charles ? Tu penses toujours , et je crois que tu ne devrais pas le faire ;, c'est ce qui te rend maigre et te donne mal à la tête. Pour moi, je ne pense jamais.

— Mais alors, Henri, que faut-il que je fasse ? demanda l'enfant avec douceur. Tu sais que je ne puis pas courir et jouer comme toi et Joseph ; je n'aurais rien au monde pour me distraire, si ce n'était mon... mon... je ne sais comment on l'appelle... cette chose dans ma tête qui pense. Ce n'est pas là ce qui me rend maigre, je t'assure, Henri.

— Eh bien ! à quoi pensais-tu ce soir ? Je suppose que tu pensais à la fête ?

—Non, Henri, je pensais à notre mère. Viens ici, et je te montrerai ce qui m'y avait amené. Regarde ; ne vois-tu pas, par le trou du rideau, cette étoile si brillante ? C'est ce qui m'a fait penser à elle. Ne te rappelles-tu pas que le dimanche après qu'elle fut enterrée, lorsque mon père me porta à l'église, ce monsieur avec une robe noire, qui parla longtemps, dit quelque chose au sujet de ceux qui aiment Dieu et qui doivent briller comme des étoiles ? Je crois qu'il dit que ce serait après leur mort, mais je ne pus pas comprendre tout. Ma mère aimait Dieu, n'est-ce pas, Henri ? Aussi je pensais que maintenant elle brille peut-être comme cette étoile. Oh ! combien j'aimerais de la voir ! continua l'enfant après un moment de silence ; combien je voudrais être sage et aimer Dieu comme elle ! alors je brillerais aussi quelque jour...

— Ne parle pas ainsi, Charles, dit Henri d'une voix plus douce; tu es sage... tu sais bien que tu l'es toujours.

— Oh ! non, Henri, je ne suis pas sage : je suis quelquefois très-méchant; c'est justement pour cela que je ne suis pas encore couché. Je voulais te raconter quelque chose que j'ai fait aujourd'hui et qui était certainement bien mal.

Henri tressaillit ; il est probable que sa conscience commençait à le tourmenter un peu, mais il ne dit rien, et Charles continua.

— Tu sais que je m'étais assis sous ce vieil arbre pour vous voir jouer ; alors Mlle Emilie est venue vers moi. Elle a été très-bonne ; elle m'a dit que j'étais dans un endroit humide et ombragé, et qu'il valait mieux pour moi être au soleil. Elle m'a fait lever pour aller m'asseoir sur un joli petit monticule tout couvert de mousse. C'était à côté de la table, sur laquelle on avait posé les pommes et le pain d'épice. Il n'y avait personne près de là, et je regardai toutes ces bonnes choses si longtemps, qu'à la fin je commençai à en avoir grande envie.

— Et tu n'as rien pris ? demanda Henri.

— Non, Henri ; mais je pense que je l'aurais fait (car j'aurais pu facilement faire rouler jusqu'à moi ce que j'aurais voulu avec le bout de ma béquille) si justement au moment où je la soulevais pour cet usage , je n'avais pas pensé que peut-être Mlle Emilie me regardait de l'autre bout du champ. Aussitôt , je me suis rappelé Eve prenant le fruit défendu dans le jardin et tout ce que ma mère m'avait dit à ce sujet ; puis j'ai pensé que Dieu me voyait aussi bien que Mlle Emilie.

— Que disait notre mère ? demanda Henri d'un air distrait.

— Elle nous disait , tu le sais bien , que lorsque Eve alla regarder le fruit, elle devait avoir oublié que l'œil de Dieu était sur elle ; et que si elle ne s'était pas plu à le considérer et à le désirer , peut-être ne l'aurait-elle pas pris et n'aurait-elle pas été chassée du jardin.

— Eh bien , après ? dit Henri après un moment de silence.

— Ne vois-tu pas, Henri, que je faisais tout à fait comme Eve? J'avais entièrement oublié que Dieu me voyait : je prenais plaisir à regarder les pommes; et plus je les regardais, plus je les désirais. Je ne réfléchis pas à tout cela dans le moment ; mais Mlle Emilie me l'a dit ensuite, et je sais que c'était vrai. C'était Satan qui me tentait , comme Eve ; seulement, il ne me parlait pas.

— Tu as donc revu Mlle Emilie ? demanda Henri, qui , par des raisons déjà connues de nos jeunes lecteurs , ne goûtait pas trop ce genre de conversation.

— Oh ! oui , répondit Charles , car lorsque j'ai pensé à ma mère , j'ai tout de suite décidé de ne pas rester une minute de plus à côté de la table et je me suis levé pour retourner sous l'arbre ; alors Mlle Emilie est venue et m'a demandé pourquoi j'avais changé de place. D'abord, j'aurais mieux aimé ne pas le lui dire , mais elle s'est assise sur l'herbe à côté de moi, et m'a parlé avec tant de bonté que j'ai fini par ne plus me sentir du tout intimidé, et je lui ai tout raconté. Elle m'a dit qu'elle était bien aise que je n'eusse pas pris de pomme ; elle m'a demandé aussi comment allait ma jambe. Et sais-tu bien , Henri, que j'ai vu des larmes dans ses yeux lorsque je lui ai raconté que le docteur était venu me la couper ? N'était-ce pas bien bon de la part d'une belle dame comme elle ? Puis elle est allée me chercher ces deux pommes rouges et ce gros morceau de pain d'épice. Vois-tu, je n'y ai pas goûté ; nous nous en régalerons demain matin.

Henri sentait dans sa poche les deux pommes *volées* qu'il n'avait pas osé manger de peur d'être vu ; et il dit avec quelque embarras :

— Mais quelle est cette chose mauvaise que tu as faite, Charles? Assurément ce n'est pas mal à toi d'avoir désiré les pommes, si tu ne les

as pas prises ; et quand même tu en aurais pris
une, je ne vois pas que tu eusses fait un grand
mal, puisqu'il y en avait tant.

— Oh ! Henri, s'écria Charles, je ne t'ai jamais
entendu parler ainsi. Ne te rappelles-tu pas que
ma mère nous disait qu'il était aussi mal de convoiter que de voler ? Et Mlle Emilie me l'a bien
dit aussi. Que je voudrais que tu l'eusses entendu,
Henri ! elle me rappelait ma mère ; seulement
notre mère ne portait jamais de robe de soie et
elle n'avait pas de longues boucles. Mais je suis
bien fatigué et je n'ai pas encore fait ma prière,
ajouta l'enfant.

Charles s'agenouilla aussi bien qu'il lui fut
possible à côté de son petit lit et commença à
répéter à demi-voix le cantique et les simples
prières, apprises sur les genoux de cette mère
bien-aimée, dont il chérissait encore si tendre-
ment la mémoire et les leçons. Henri entendit
ces paroles : « Je te prie, mon Dieu, fais de moi
un enfant sage ; je te prie, mon Dieu, pardonne-
moi d'avoir été si méchant aujourd'hui, et pré-
serve-moi de convoiter ce qui ne m'appartient
pas, pour l'amour de Jésus-Christ. Amen. »

Il serait difficile de dire quels étaient les sentiments d'Henri, à mesure que ces simples paroles, quoique prononcées à voix basse, parvenaient
à ses oreilles. Lui et Charles avaient toujours

partagé le même lit ; mais ce soir, pour la première fois de sa vie, il sentait qu'il aurait préféré coucher partout ailleurs qu'à côté de son frère ; il lui semblait qu'il n'était pas digne de se trouver aussi près de lui. Et cependant il n'y avait dans son cœur aucun sentiment de douleur ou de repentir ; il n'y avait absolument rien que le désir d'oublier ce qu'il avait fait et de le cacher à tout le monde. Il savait qu'il ne pouvait pas le cacher à Dieu, mais il était décidé à ne pas y penser si c'était possible. Il prit, cependant, la résolution de ne plus jamais retomber dans une telle faute ; il pensait que cela lui serait très-facile. Pauvre enfant ! il avait encore à apprendre cette vérité que nous enseigne la Bible et qui inspirait les simples prières de Charles : « Comme le sarment ne saurait de lui-même porter du fruit, s'il ne demeure attaché au cep, vous n'en pouvez porter aussi si vous ne demeurez en moi » (Jean, XV, 4). Il attendit en silence jusqu'à ce que Charles eût fini sa prière, puis il l'aida à se mettre au lit, en disant que son père avait besoin de lui en bas, mais qu'il viendrait se coucher tout à l'heure.

— Comme tes mains sont froides et comme tu trembles ! dit l'enfant. Moi, j'ai bien chaud ; bonne nuit, Henri, je dormirai bientôt.

Pendant que le petit infirme jouit de ce doux

et paisible sommeil, je vous dirai ce que je sais de son histoire. Vous l'avez probablement reconnu comme ce frère Charles, pour lequel Henri, dans l'autre chapitre, voulait ramasser des fleurs. Lorsqu'il était tout petit, c'était un charmant enfant ; sa tendre mère le contemplait avec orgueil et l'appelait son beau Charles ; mais peu à peu la fièvre fit disparaître toutes les couleurs de ses joues et l'éclat de ses yeux, et il devint pâle et maladif. Mais ce n'était que le commencement de ses épreuves. Il avait à peu près six ans lorsqu'un cruel accident le priva tout à fait de l'usage d'une jambe et lui causa beaucoup de souffrances ; à la fin, on fut obligé de la lui couper, et le pauvre Charles fut estropié pour toute sa vie. Ce fut alors que survint la plus dure de toutes ses peines ; car, peu de temps après, il plut à Dieu de lui enlever sa mère chérie. La perte de sa jambe lui avait été très-pénible ; mais combien celle-ci le fut davantage ! Il avait bien raison de pleurer une tellé mère ; car elle avait été comme l'ange gardien de sa vie si courte et déjà si remplie de souffrances. Et maintenant il n'avait personne pour le consoler par de douces paroles et par des baisers ; personne pour l'endormir en le berçant contre son sein quand il était fatigué ; personne pour s'asseoir à côté de son lit lorsqu'il ne pouvait dormir et lui raconter des histoires des saints hommes que Dieu avait douloureusement éprouvés avant de les faire arriver à cette brillante patrie que Jésus est allé préparer à ceux qui l'aiment; personne enfin pour lui redire que le Sauveur veillait sur lui, qu'il connaissait toutes ses souffrances et y prenait part, qu'il était touché par le sentiment de ses infirmités, et que, jour après jour, il plaidait pour lui devant le trône de Dieu! — Charles sentait la grandeur de sa perte, mais il n'y avait personne à qui il pût ouvrir son cœur; car, quoique Henri aussi aimât sa mère et se ressentît péniblement de son absence, ce n'était pas de la même manière que lui. Charles était un enfant doux et tranquille; il ne s'impatientait pas et ne murmurait pas comme il eût semblé naturel qu'il le fît. Sa mère lui avait dit avant de mourir qu'il devait s'efforcer de se soumettre à la volonté de Dieu; et quoique cet ordre fût pénible à exécuter, dans le secret de son cœur, il demandait constamment le secours de son Sauveur pour être capable d'y obéir.

Son père n'était pas un homme de bien : il se souciait peu de ses enfants. Henri était très-bon et Charles l'aimait beaucoup; pas autant cependant qu'il avait aimé sa mère : cela ne se pouvait pas. De son côté, Henri aimait son frère plus que personne au monde, quoique bien des gens, d'après sa rudesse extérieure, pensassent qu'il avait une singulière manière de montrer son affection ; mais Charles le comprenait, et c'était assez. Pauvre petit garçon ! A la plupart des enfants, sa vie aurait paru bien triste et bien malheureuse. Ne lui semblait-elle jamais ainsi? Oui, quelquefois ; car, bien qu'il fût réellement un enfant chrétien comme vous l'avez probablement déjà découvert, il n'était cependant pas toujours exempt de mauvaises pensées et de mauvais sentiments. Satan lui glissait parfois dans le cœur, ainsi qu'il le fait à tous les enfants de Dieu, des pensées de mécontentement et de murmure. Comment faisait-il alors pour s'en débarrasser? Nous le verrons bientôt. Je veux vous dire d'abord quel genre de vie il menait.

Son père, comme vous le savez déjà, n'était pas un homme d'une conduite régulière. Il travaillait beaucoup cependant, et s'il n'avait pas eu le défaut de dépenser son argent au cabaret, il aurait pu apporter à ses enfants de bonnes sommes gagnées d'une manière très-honorable. Mais, avec ses habitudes de désordre, il leur arrivait souvent d'avoir à peine à manger. Il se rendait à son travail le matin de bonne heure ; il y restait tout le jour, et souvent il ne rentrait que bien tard dans la nuit ; car ses soirées se passaient d'ordinaire à boire et à fumer avec de mauvais compagnons.

Henri se levait toujours en même temps que son père ; mais Charles restait au lit jusqu'à ce que son frère lui eût préparé et apporté le petit bol de lait qui, avec du pain, composait chaque jour son déjeuner. Puis Henri l'aidait à se laver et à s'habiller, ce qui prenait un certain temps, car Charles ne pouvait pas souffrir d'être sale ; rien ne le mettait aussi mal à l'aise que de sentir ses mains et son visage malpropres, ses cheveux en désordre et ses vêtements déchirés ou tachés. Après cela, si la matinée était belle et s'il se trouvait assez bien, il prenait sa béquille et se promenait un moment dans le jardin, en s'aidant, pour marcher, de tous les appuis qu'il rencontrait, car il était très-faible, et souvent il se laissait tomber lorsqu'il essayait d'aller seul. Ensuite il s'asseyait sur sa petite chaise près de la porte, et s'amusait à faire des paniers avec les joncs qu'Henri lui apportait. Ces paniers n'étaient ni très-grands ni très-beaux ; mais cette occupation l'amusait, et cela valait encore mieux que de rester oisif.

Quelquefois il passait la matinée seul de cette manière. D'autres fois sa tante, la mère de Joseph Carton, venait mettre la maison en ordre, laver le linge et préparer quelque chose pour le dîner. Mais s'il n'y avait rien, lorsque Henri revenait de l'école à midi, ils dînaient tous les deux avec du pain et du beurre; ensuite l'après-midi se passait à peu près de même que la matinée. Mais il arrivait souvent que Charles était malade; la tête lui faisait mal, ou il avait des douleurs dans sa jambe. Alors Henri lui arrangeait une petite couche sur deux chaises, et demandait la permission de rester à la maison pour le soigner, car il aurait été bien pénible pour le petit malade de passer la journée tout seul.

CHAPITRE III.

La visite d'Emilie.

Jetons maintenant un coup d'œil rapide dans la salle à manger de M. Dupré. Il est à table avec sa femme, sa fille Emilie et deux ou trois autres personnes, dont je ne sais pas les noms : mais je crois que c'étaient les frères et les sœurs d'Emilie. Le dîner était presque fini, mais le dessert était encore sur la table. M. Dupré avait dans son assiette un morceau de gâteau ; il avait posé sa cuiller et paraissait écouter attentivement quelque chose qu'Emilie, assise à sa droite, racontait avec chaleur.

— Pauvre petit garçon ! dit-il, lorsqu'elle s'arrêta ; pauvre petit être souffrant ! Tu iras le voir, Emilie, il faut y aller.

— Oui, papa, j'irai demain ; je connais la maison qu'il habite ; c'est celle où demeurait la vieille Anne.

— Et porte-lui quelque chose, Emilie, quelque chose de bon ; ce gâteau que je viens de goûter et cette compote de pommes : certainement il l'aimera. Il n'a pas sa mère, dis-tu ?

— Non, répondit la jeune fille. Elle est morte, j'ai oublié depuis quand ; mais je lui ferai beaucoup de questions demain, et je te raconterai tout.

En effet, le lendemain matin Emilie se mit en route pour aller chez Charles Carton, portant à la main un petit panier qui contenait le gâteau et les pommes dont son père avait parlé.

C'était un des mauvais jours de Charles ; sa jambe lui faisait beaucoup de mal. Il faisait aussi bien froid, de sorte qu'Henri avait placé sa petite couche aussi près du feu que possible, afin qu'il ne sentît pas d'air. Henri n'était pas allé à l'école, mais il venait de sortir pour faire quelques commissions pour sa tante. La jeune fille frappa à la porte.

— Entrez, s'il vous plaît, dit Charles d'une voix faible, en se demandant qui ce pouvait être.

Elle ouvrit la porte et entra.

— Eh bien ! Charles, comment vas-tu aujourd'hui ? dit-elle avec un doux sourire, en s'asseyant sur une chaise à son côté. Tu vois que je n'ai pas oublié ma promesse de venir te voir, quoique j'aie un peu tardé. Tu es bien pâle, ce matin; tu souffres peut-être.

— Ma jambe me fait souvent bien mal, mademoiselle, dit Charles ; aujourd'hui j'en souffre beaucoup, et j'ai aussi la tête lourde.

— Pauvre enfant! dit Emilie en prenant la petite main maigre de Charles dans la sienne ; as-tu déjeuné?

— Je n'ai pas pu boire mon lait ce matin, mademoiselle, je n'avais pas faim.

— Alors je suis sûre que tu dois avoir besoin de prendre quelque chose. Vois, je t'ai apporté un joli morceau de gâteau et de la compote de pommes. Je vais t'en donner un peu, et tu essaieras de le manger pendant que j'irai me promener un peu plus loin; puis, à mon retour, je m'arrêterai de nouveau pour causer avec toi; cela te plaît-il?

Charles ne pouvait dire non à une proposition aussi agréable; et Emilie, bien qu'elle fût considérée par plusieurs personnes comme une très-grande dame, ne dédaigna pas de chercher une petite assiette, dans laquelle, au moyen d'une vieille cuiller de bois, elle plaça délicatement le gâteau et les pommes, et les donna de sa propre main au petit infirme. Ensuite, elle s'en alla, en disant, avec un signe de tête et un sourire :

— Je ne resterai pas trop longtemps, Charles.

Ce petit repas fit à Charles un bien étonnant ; du moins il crut que c'était le repas ; pour moi je pense que c'était autre chose. Et quoi donc ? allez-vous me dire. C'étaient les douces manières et les douces paroles de sa nouvelle amie. Il le sentait lui-même, quoique peut-être il ne le comprît pas bien. Combien est précieux un mot ou un regard de bonté ! Nous ne pouvons pas tous donner de l'argent ou de bonnes choses, comme faisait Emilie ; mais chacun de nous, quelque pauvre qu'il soit, peut dire quelques bonnes paroles, ou avoir quelque attention bienveillante ; et certainement personne ne les refuserait, si l'on connaissait leur grande, leur inestimable valeur, surtout pour les malades et les affligés.

Emilie fut bientôt de retour et s'assit de nouveau à côté du petit garçon. —Eh bien ! Charles, te trouves-tu mieux maintenant ? telle fut sa première question.

— Oui , mademoiselle, je vous remercie ; ma tête ne me fait plus du tout mal maintenant.

— Eh bien ! alors, je désire que tu me racontes beaucoup de choses. N'es-tu jamais allé à l'école, Charles ? Sais-tu lire ?

— Je ne suis jamais allé à l'école, mademoiselle ; mais je sais lire les mots les plus faciles.

— Et comment as-tu appris à lire, si tu n'es

jamais allé à l'école? est-ce que ton frère t'a enseigné?

— Non, mademoiselle : c'est ma mère; elle m'apprenait aussi de petits cantiques et des versets de la Bible.

— Elle devait être pour toi une bien bonne mère, Charles; tu l'aimais sans doute beaucoup.

— Oh! oui, mademoiselle, beaucoup! et elle m'aimait aussi. Oh! je ne puis dire comme elle m'aimait! Et moi je l'aimais tellement!... ajouta le pauvre petit, détournant la tête pour cacher ses larmes, qui commençaient à couler...

— Ne pleure pas, cher enfant, dit Emilie en essayant de le consoler ; tu ne désirerais pas qu'elle revînt, n'est-ce pas, Charles?

— Non, mademoiselle; elle me disait avant sa mort que je ne devais pas souhaiter de l'avoir de nouveau, parce qu'elle allait être très-heureuse et devenir un bel ange avec une harpe d'or. Elle disait qu'elle ne serait plus jamais malade, ni affligée, et elle l'était souvent avant son départ.

— Mais tu espères la revoir un jour, Charles? dit son amie.

— Oui! oui, mademoiselle, répondit l'enfant avec force; que ferais-je, si je croyais ne plus la revoir? Elle me disait qu'il fallait que j'allasse vers elle, car elle ne pouvait pas venir vers moi,

— à moins, ajouta-t-il avec solennité, à moins que Jésus ne vienne auparavant.

— Que veux-tu dire, Charles? dit Emilie, d'un ton de surprise qui prouvait évidemment qu'elle pensait que Charles ne comprenait point parfaitement ce qu'il disait.

— Ma mère me répétait souvent, mademoiselle, que Jésus viendrait un jour, — peut-être bientôt, — et qu'il amènerait les siens avec lui. Ma mère viendrait alors, n'est-ce pas? Elle me disait que son corps sortirait tout brillant de sa tombe. N'est-ce pas vrai, mademoiselle?

— C'est très-vrai, Charles. Mais en supposant que tu meures auparavant, es-tu tout à fait sûr d'aller au ciel? N'as-tu jamais peur de mourir?

L'enfant regarda un moment Emilie avec attention, puis il répondit : — Ma mère me disait , mademoiselle, que si j'essayais d'aimer Jésus, je ne devais pas avoir peur de mourir, parce qu'il me laverait dans son sang et qu'il me rendrait propre à vivre avec lui.

— Mais, Charles, ne sais-tu pas que même le plus jeune enfant pèche souvent contre Dieu, et Dieu dit que tous les pécheurs méritent d'être punis? Peux-tu me dire comment il se fait que ceux qui se confient en Jésus ne soient pas punis?

— Parce que Jésus est mort pour eux, mademoiselle, parce qu'il a été puni à leur place.

— Crois-tu que tu ne fasses jamais rien de mal, Charles?

— Oh ! si, mademoiselle, répondit l'enfant, et sa joue pâle se couvrit de rougeur. J'avais fait quelque chose de bien mauvais le jour où vous vîntes me parler dans la prairie. Souvent je me demande pourquoi Dieu ne m'a pas rendu fort et bien portant comme Henri; alors il me semble que je ne l'aime pas du tout, et qu'il ne m'aime pas non plus; je sais que c'est très-mal. Quelquefois aussi je suis impatient et désagréable.

— Sais-tu qui te met dans le cœur ces mauvaises pensées, Charles? dit Emilie.

— Oui, mademoiselle, c'est Satan; c'est celui qui tenta Eve.

— Et comment essaies-tu de te débarrasser de ces pensées, lorsqu'elles t'arrivent?

— Je crois que quelquefois je n'essaie pas du tout, mademoiselle: je les laisse entrer dans mon cœur; mais souvent aussi je demande à Dieu de me les enlever, et de me donner son Saint-Esprit pour m'en inspirer de bonnes.

— C'est très-bien, Charles; est-ce ta mère qui t'a dit de faire cela?

— Oui, mademoiselle, elle me disait que nous ne pouvons rien faire pour plaire à Dieu, à moins que son Saint-Esprit ne nous aide.

— Tu es très-sage, Charles, de te rappeler si

bien tout ce qu'elle te disait ; et elle était une bien bonne mère de t'enseigner de telles choses. Y a-t-il longtemps qu'elle est morte ?

— Il n'y a pas bien longtemps, mademoiselle ; c'était l'année dernière lorsque les rouges-gorges commençaient à chanter et les fleurs à disparaître : oh ! je me rappelle si bien la nuit de sa mort !

— Veux-tu me la raconter ? Tu me ferais beaucoup de plaisir.

Un regard de reconnaissance brilla dans l'œil de l'enfant malade, et il répondit :

—Oh ! mademoiselle, cela me fera bien plaisir aussi de vous en parler. Il y avait longtemps qu'elle était malade, seulement elle ne restait pas au lit ; mais à la fin, une après-midi, comme j'étais assis sur ma petite chaise, à ses pieds, elle me dit : « Charles, il faut que je me couche ; essaie de monter avec moi, je ne puis pas te porter. » Je montai, elle me dit de me mettre sur le lit à son côté ; puis elle m'entoura de ses bras et me pressa contre son cœur en pleurant ; elle pleura bien longtemps, et je pleurai aussi.

— Est-ce cette nuit-là qu'elle mourut ? demanda Emilie.

— Non, mademoiselle, elle vécut encore plusieurs semaines ; mais elle me gardait toujours sur le lit à son côté, et lorsqu'elle ne toussait pas trop, elle me parlait. D'abord elle pleurait souvent; elle disait que la mort ne lui ferait aucune peine si elle pouvait m'emmener avec elle; elle avait peur qu'il n'y eût personne qui prît soin de moi. Mais plus tard elle dit qu'elle savait que Dieu inspirerait aux gens de la bonté pour moi, lorsqu'elle n'y serait plus , et qu'il prendrait soin de moi mieux qu'elle ne l'avait fait elle-même. Elle disait que si elle pouvait vivre encore, elle ne le désirerait pas.

— Etais-tu avec elle, lorsqu'elle mourut, Charles?

— Oh! mademoiselle, ce fut là le plus triste. Un soir tante Marie qui la soignait me mit dans son lit et je m'endormis. Je crois que ce fut au milieu de la nuit que je me réveillai ; ma mère m'entoura de ses bras, et elle me dit : « Charles, mon bien-aimé, embrasse-moi, » et je l'embrassai plusieurs fois. Elle ne dit plus rien, mais elle continua à me serrer dans ses bras ; je mis ma tête à côté de la sienne et je m'endormis de nouveau. Le matin, de très-bonne heure, je sentis que tante Marie essayait de me retirer du lit et je dis : « Oh! tante Marie, je t'en prie, laisse-moi avec ma mère ; je ne la dérangerai pas : elle dort. » — « Non, elle ne dort pas, » dit tante Marie ; « elle ne parlera plus, Charles ; ta mère est morte. » Je l'embrassai et je mis mes bras au-

tour d'elle, mais elle ne se réveilla pas ; ses lèvres étaient tout à fait froides. Oh ! mademoiselle,
j'étais si malheureux ! Je ne pus pas pleurer
d'abord, mais ensuite je pleurai beaucoup. On
m'emmena, et je ne la revis plus qu'une seule
fois, dans son cercueil...

Ce récit avait été bien des fois interrompu par
des larmes, et maintenant le pauvre enfant était
incapable de dire un mot de plus. Emilie le laissa
pleurer un moment, puis elle essaya de le cal-
mer, lui parla d'autres choses, et à la fin elle
le laissa plus heureux qu'il ne l'avait été de longtemps. Après son départ, lorsque Henri revint,
Charles lui dit :

— Henri, ma mère n'avait-elle pas bien raison de dire que Dieu mettrait au cœur des gens
d'être bons pour moi ? C'est lui, bien sûr, qui
a mis au cœur de Mlle Emilie de venir me voir.

CHAPITRE IV.

Le crieur public.

Par la suite , Emilie alla souvent voir Charles, et ses visites étaient comme des rayons de soleil dans la sombre vie du petit infirme. Elle lui apportait d'habitude quelque objet, qui , pensait-elle, pouvait lui faire plaisir ; quelquefois c'était un livre dans lequel elle lui lisait une jolie histoire , quelquefois un bouquet ou même une seule fleur ; d'autres fois un morceau de gâteau ou quelque friandise. Quoi que ce fût , il y avait deux choses qui arrivaient toujours avec elle : son doux sourire et ses paroles bienveillantes , et Charles aimait encore mieux cela que tout le reste.

Pendant quelque temps , les choses continuèrent à aller à peu près de la même manière qu'auparavant. Charles semblait être un peu plus fort. Henri et son cousin Joseph quittaient quelquefois l'école pendant un jour pour arra-cher les mauvaises herbes dans le jardin de M. Dupré. Ils gagnaient de cette manière douze sous, et comme cet emploi était considéré par les enfants de l'école comme un privilége, ils s'en acquittaient chacun à son tour.

Un jour, peu de temps après qu'Henri eût travaillé chez M. Dupré, Charles et lui dînaient avec du pain et du beurre, ou plutôt Charles dînait, car Henri ne semblait pas très-disposé à manger. Il emporta sa tartine au jardin, mais Charles remarqua qu'en rentrant, il la posa dans une assiette sur l'étagère.

Un moment après, on entendit le bruit d'une sonnette sur la route qui se trouvait à l'extré-mité du petit sentier où était située leur maison. Les deux petit garçons eurent bientôt compris que c'était la sonnette du crieur public; aucune autre dans le village n'avait ce son fort et aigu.

— Henri ! c'est le crieur ! dit Charles. Que peut-on avoir perdu ? Que j'aimerais.... Mais Henri avait pris son chapeau et était déjà au milieu du sentier.

Pauvre Charles ! Vous pouvez facilement de-viner ce qu'il désirait, et n'était-ce pas un souhaît bien naturel ? Si vous aviez été là, mon jeune lecteur, ne vous seriez-vous pas levé aussitôt et n'auriez-vous pas couru pour apprendre de quoi il s'agissait ? Il n'est donc pas étonnant que Charles souhaitât de faire la même chose.

« Je me sens assez fort aujourd'hui, » pensat-il, « peut-être pourrais-je aller jusque-là ; » et là-dessus, saisissant sa petite béquille, il se mit à marcher aussi rapidement que le lui permettait son infirmité. Il atteignit sans peine le bout du jardin, car là il trouvait bien des appuis qui l'aidaient dans sa marche. Il fit quelques pas dans le sentier et entendit le crieur dire d'une voix forte : « Ecoutez ! Ecoutez ! » mais juste à ce moment sa béquille glissa et il tomba sur l'herbe. La chute ne lui fit pas beaucoup de mal, mais son désappointement fut grand ; car avant qu'il se fût relevé et qu'il pût de nouveau prêter son attention, le crieur avait fini de parler et s'en était allé plus loin.

Il resta là encore un instant dans l'espérance que son frère viendrait lui raconter ce que le crieur avait dit ; mais bientôt il s'ennuya, et retourna beaucoup plus lentement qu'il n'était venu à sa petite chaise près de la porte. Il vit Henri s'avancer vers la maison.

— Dépêche-toi, Henri, dépêche-toi, cria Charles. Il me tarde tant de savoir ce qu'il y a de nouveau ; j'ai essayé d'aller écouter, mais je suis tombé à moitié chemin.

— Vraiment, dit Henri, tu aurais mieux fait de rester ici. Ce n'est rien du tout. Je n'ai jamais vu faire tant de bruit à propos de rien : c'est seulement la clé du verger de M. Dupré que l'on a*perdue. J'aimerais bien savoir à quoi il sert de la faire crier ; il va sans dire qu'elle ne se retrouvera jamais.

— Mais pourquoi pas, Henri? Est-ce que tout le monde ne la cherchera pas? Toi-même ne vas-tu pas la chercher? Tu sais bien que si quelque personne malintentionnée la trouvait, on pourrait entrer et voler les fruits.

Henri rougit et il répondit : — Certainement je ne me donnerai pas la peine de la chercher ; à quoi bon? Je suis sûr que la roue de quelque charrette l'aura enfoncée dans un tas de broussailles ; d'ailleurs, on ne promet que 1 fr. de récompense à celui qui la rapportera.

Charles trouva très-étrange que son frère parlât ainsi de quelque chose qui appartenait à M. Dupré. — Je ne me soucie pas de la récompense, reprit-il, mais je désirerais que quelqu'un trouvât la clé de M. Dupré. En as-tu entendu parler? Sais-tu où elle a été perdue?

— Je n'en avais pas entendu parler avant ce moment-ci. Un des garçons de l'école vient de me dire que c'est Georges, le sous-jardinier, qui l'a perdue dans les champs en retournant chez lui.

— Eh bien ! il me semble qu'elle ne doit être pas bien difficile à trouver, dit Charles. Henri, cherche-la, je t'en prie, et dis à Joseph de la chercher aussi.

— Je ferai ce qu'il me plaira, mais toi ne t'inquiète pas de cela. Que t'importe que cette clé soit perdue ou trouvée? — Et Henri prit son chapeau et sortit, ne paraissant pas de trop bonne humeur.

Charles pensa qu'Henri était bien mal disposé et se demanda ce qui pouvait l'avoir fâché. « Je ne dirai pas un mot de plus au sujet de la clé, » se dit-il; et lorsque le soir Henri revint de l'école, lui apportant de la part du maître un livre de gravures, il n'eut pas de peine à tenir sa résolution.

— Que tout le monde est bon pour moi ! dit-il pendant qu'il tournait avec empressement les feuilles d'images coloriées. Lorsque notre mère mourut, Henri, je croyais qu'il n'y aurait plus personne que toi qui pensât à moi; mais maintenant tout le monde me témoigne de la bonté. Sais-tu pourquoi, Henri?

— Mais non, je ne sais, dit Henri brusquement; je pense que c'est très-naturel.

— Oh ! non , Henri, ce n'est pas naturel ; tu sais bien que je ne fais jamais rien pour m'attirer l'amitié de personne. Je crois que cela vient de Jésus. Tu sais que quand il était sur la terre, il avait compassion des boiteux et qu'il les guérissait ; aussi je pense qu'il a compassion de moi maintenant ; mais au lieu de me guérir , il met au cœur de ceux qui m'entourent d'être bons pour moi et de chercher à me rendre heureux. Je suis quelquefois très-heureux, Henri.

« C'est plus que je ne puis dire, » pensa Henri ; il ne le dit pas, mais un nuage passa sur son front pendant qu'il répondait : — Tu as une manière de parler bien singulière, Charles. Je pense plutôt que si Jésus t'aimait réellement, il ne t'enverrait pas tant de souffrances.

C'était cruel, de la part d'Henri, de parler ainsi ; mais il arrive souvent que lorsque nous sommes mécontents de nous-mêmes, nous ne faisons pas attention à ce qui peut blesser les sentiments des autres. Deux ou trois larmes coulèrent le long des joues de Charles , et au bout d'un moment il répondit :

— Oh ! Henri ! ne dis pas cela ! je t'en prie, ne le dis plus. Ce n'est pas ainsi que parle Mlle Emilie. Elle me disait l'autre jour, — oui, elle l'a même lu dans la Bible de ma mère, — que quand Dieu aime quelqu'un, il le fait souvent beaucoup souffrir.

— Mais pourquoi cela? demanda Henri.

— Pour le rendre meilleur, Henri, pour s'en faire aimer davantage; tu sais que quand nous sommes forts et bien portants, nous l'oublions souvent; mais nous nous rappelons de lui lorsque nous sommes dans la souffrance.

Pour des raisons que nous connaîtrons bientôt, ces paroles troublèrent la conscience d'Henri, plus qu'il n'aurait voulu l'avouer. Il répondit d'un ton insouciant :

— Eh bien ! je crois cependant que tout le monde aime mieux se bien porter que d'être malade.

— Oui, Henri, moi aussi je l'aimerais mieux si je pouvais choisir, et quelquefois je désirerais beaucoup pouvoir courir dans les champs et ramasser les marguerites et les primevères comme toi. Un jour, je le dis à Mlle Emilie, et sais-tu ce qu'elle me répondit, Henri? Elle me dit : « Peut-être, Charles, Jésus t'oblige-t-il à rester dedans pour t'éloigner du péché; peut-être, si tu pouvais t'amuser comme les autres enfants, tu l'oublierais, tu ferais des choses mauvaises, qui lui déplairaient et t'empêcheraient d'aller au ciel avec lui. Il ne te fait cela que parce qu'il t'aime. » Le jour suivant elle m'apporta ce beau bouquet de fleurs, que je gardai si longtemps; elles étaient certainement beaucoup plus jolies que des primevères. Je ne crois pas avoir aimé aucunes fleurs autant que celles-là.

Henri était accoutumé à entendre Charles parler ainsi. Il l'écoutait d'habitude ; mais Charles voyait clairement qu'Emilie l'écoutait d'une manière bien différente. « D'où vient donc, » pensait-il, « la différence de ce que j'éprouve en parlant à Henri ou à Mlle Emilie ? J'aime Henri beaucoup mieux qu'elle, cela va sans dire, puisqu'il est mon frère, et cependant je préfère causer avec elle, quoiqu'elle soit une grande dame. »

Joseph Carton ne prenait pas souvent la peine de venir voir son petit cousin, et Charles n'aimait pas non plus beaucoup à le voir ; car quoiqu'on ne pût pas dire précisément que Joseph fût méchant à son égard, il riait, plaisantait et disait des choses désagréables qui faisaient souvent venir des larmes dans les yeux du pauvre Charles. Cependant, un jour ou deux après l'affaire de la clé, il entra avec un air de bonne humeur, contre son habitude, en disant qu'il était très-pressé.

— Vois, Charles, dit-il en mettant la main dans sa poche et en tirant une pêche et quelques prunes, tu ne diras plus maintenant que je ne t'apporte jamais rien ; vois quelle jolie pêche je te donne, et ces prunes donc ! ne sont-elles pas bien belles? Tu n'as jamais mangé de pêche, n'est-ce pas?

— Oh! non, jamais, dit Charles en frappant des mains. Qu'elle est belle, Joseph! qu'elle est belle! et que tu es bon de me la donner. Je ne la mangerai pas de longtemps; je la garderai pour la regarder et pour la sentir. D'où vient-elle, Joseph?

— Ne me fais pas de question, car tu n'obtiendras point de réponse, dit Joseph en lui jetant une autre prune.

— Je ne veux pas être indiscret, Joseph; je te suis bien obligé, vraiment, dit Charles, prenant la prune et la portant à sa bouche.

— Tu en auras d'autres un de ces jours, si tu es sage, dit Joseph; et prenant son chapeau, il s'en alla en courant.

CHAPITRE V.

La tentation.

Il nous faut maintenant revenir en arrière d'un ou deux jours avant le commencement du dernier chapitre. On était à cette époque de l'année où, comme avait dit Charles, en parlant de la mort de sa mère, les rouges-gorges chantent et les fleurs se fanent. Les jours étaient très-beaux, les soirées calmes et brillantes, car chaque nuit la lune remplissait le ciel de son éclat. Il y avait longtemps que le rossignol avait entonné son chant d'adieu; la grive et le merle avaient fait taire leurs notes joyeuses jusqu'à ce que le printemps les rappelât; quelques arbres perdaient déjà leurs feuilles, tandis que d'autres commençaient seulement à se revêtir des riches et douces teintes de l'automne. Le temps était froid, mais sec; le ciel gardait encore les traces de pourpre du soleil couchant, bien qu'il y eût plus d'une demi-heure qu'il avait disparu derrière les montagnes de l'ouest.

Appuyé contre une porte, ouvrant sur la grande route, se tenait un petit garçon, qui paraissait plongé dans ses réflexions, car il restait immobile, les bras croisés, la tête penchée. Un silence inaccoutumé régnait autour de lui, interrompu seulement par le gazouillement d'un petit rouge-gorge, qui, perché sur les branches dépouillées d'un vieux chêne, près de la porte, semblait l'inviter à se joindre à son aimable gaieté. Mais l'enfant n'avait pas l'air d'y faire attention, et ne paraissait pas même entendre sa voix. Au bout d'un moment, il entendit dans le lointain le bruit d'un pas rapide; il leva un peu la tête, le bruit s'approcha, et, l'instant d'après, l'enfant se trouvait en dehors de la porte sur la grande route. Qui était cet enfant? vous le verrez bientôt.

— Est-ce toi, Henri? dit-il; il y a longtemps que je t'attends. Pourquoi as-tu tant tardé?

— J'ai été obligé d'attendre, dit le petit garçon à qui ces paroles étaient adressées; le monsieur auquel notre maître m'avait envoyé porter une lettre n'était pas chez lui. Mais comment as-tu su que j'allais venir, Joseph? Je ne t'avais rien dit de tout ceci.

— Non, mais Charles me l'a dit lorsque je

suis allé te chercher il y a un moment; et j'ai pensé que je pourrais venir à ta rencontre et faire un bout de chemin avec toi. Je t'ai attendu pendant demi-heure; je ne savais pas si tu traverserais les champs ou si tu suivrais la route, sans cela je serais allé plus loin.

— Je te remercie, Joseph, dit Henri; le chemin est bien solitaire, en effet, entre ces deux bois. Je ne puis jamais m'empêcher de penser aux voleurs, lorsque j'y passe.

Ce que disait Henri n'aurait étonné aucun de ceux qui passaient sur cette route; car les arbres étaient en cet endroit si touffus et si élevés que non-seulement ils cachaient l'aspect de la campagne environnante, mais ils croisaient leurs branches au-dessus de la tête des deux jeunes garçons, de manière à intercepter la vue du ciel; çà et là seulement on pouvait en voir un petit coin par une éclaircie du bois, ou bien quelques rayons de la lune, pénétrant à travers les branches, rendaient l'obscurité encore plus effrayante.

Les deux cousins parcoururent en silence et d'un pas rapide cette partie du chemin. Mais enfin les bois devinrent moins épais, et bientôt, disparaissant complétement, la vue put s'étendre de chaque côté sur des champs de blé et de vertes prairies dans lesquelles paissait du bétail. Tout cela appartenait à M. Dupré.

Joseph rompit le premier le silence.

— Henri, dit-il, peux-tu garder un secret ?

— Certainement je le puis, si je veux, répliqua Henri d'un ton offensé.

— Eh bien ! si tu veux me promettre de n'en parler à personne, pas même à Charles, je te dirai quelque chose qui te sera agréable.

— Qu'est-ce que c'est ? dit Henri d'un ton indifférent, comme s'il ne se souciait pas beaucoup de le savoir.

— Oh ! je ne te le dirai pas si tu n'en as pas envie, répondit Joseph ; ce n'est pas moi qui y perdrai, c'est toi. D'ailleurs tu aurais beau le vouloir tu ne sauras pas mon secret, à moins que tu ne me promettes de ne pas en dire un mot. Je ne veux pas que tous les garçons du village connaissent mes affaires.

Henri ne haïssait rien autant qu'un secret à garder ; c'était pour lui un grand embarras. Cependant il ne pouvait s'empêcher de se sentir un peu flatté en voyant que Joseph voulait lui communiquer quelque chose de trop important pour être dit au premier venu. D'ailleurs, sa curiosité était excitée par les manières de Joseph aussi bien que par l'idée que le secret devait lui procurer de l'agrément. Il savait que les projets de Joseph ne lui avaient jamais apporté rien de bon ; mais il laissait cela de côté, et il voulait

P. 51. LA CLÉ PERDUE.

savoir ce dont il s'agissait. Il dit donc, après un moment de silence : — Je te promets de ne parler à personne de ton secret; dis-le-moi donc tout de suite, Joseph.

— Attends un moment, répliqua Joseph avec froideur; traversons d'abord ce champ, puis je te le dirai.

— Pourquoi veux-tu passer par là? demanda Henri; ce chemin est beaucoup plus long et je suis très-fatigué: j'ai fait près de deux lieues.

— Prends le chemin que tu voudras, répondit Joseph, mais je ne te dirai rien, à moins que tu ne viennes avec moi.

Henri le suivit.

— Qu'est-ce que c'est, Joseph ? dis-moi ce que c'est, répéta-t-il avec impatience lorsqu'ils eurent traversé à peu près la moitié du champ.

— Ne parle pas si haut, répondit Joseph ; je voulais arriver ici avant de te rien dire ; je ne veux pas que tout le monde puisse m'entendre. Regarde; vois-tu cette clé? ajouta-t-il en tirant une clé de sa poche et en la plaçant de manière à ce qu'elle fût éclairée par les rayons de la lune.

— Comment! Joseph, c'est la clé du jardin de M. Dupré! s'écria Henri avec étonnement. (Il la connaissait bien, car elle lui avait souvent été confiée lorsqu'il travaillait dans le verger.) — Où l'as-tu prise? Que vas-tu en faire?

— Où je l'ai prise ? je l'ai ramassée juste devant la porte. Je pense que l'homme qui a enlevé du jardin toutes ces broussailles l'a laissée tomber en retournant chez lui.

— Mais que veux-tu en faire, Joseph ? dit Henri à voix basse, en prenant la clé des mains de son cousin et en l'examinant avec soin.

— Eh bien, ricana Joseph, voilà qui est beau, de vouloir paraître si innocent lorsque tu es tout prêt à profiter comme un autre d'une bonne occasion ! Ce que je vais faire ? prendre des pommes et des poires, cela va sans dire ; et je te laisserai entrer aussi, si tu veux garder le secret ; alors Charles et toi vous pourrez faire quelques gâteaux de pommes pour vos dîners, au lieu de ce pain et de ce beurre si secs que vous mangez toujours.

— Certainement je ne veux pas faire cela, s'écria Henri d'un ton indigné ; si tu veux être un voleur, Joseph, tu le peux, mais je ne te suivrai pas. Et quant aux gâteaux de pommes, je suis sûr que Charles aimerait mieux manger du pain noir toute sa vie que d'en toucher un seul, s'il savait que les pommes sont volées.

— Voilà vraiment un beau discours ! dit Joseph ; quel dommage que tu n'aies pas eu un tel accès de probité le jour de la fête, lorsque tu entras si tranquillement avec moi dans le verger et que tu remplis tes poches !

— Je ne remplis pas mes poches, dit Henri ; je pris seulement deux pommes, et j'en ai toujours été fâché depuis lors ; cela me rend malheureux chaque fois que j'y pense. D'ailleurs, ce n'était pas la moitié aussi mal que ce que tu me proposes aujourd'hui ; la porte était ouverte alors.

— J'aimerais bien savoir quelle différence cela peut faire, dit Joseph ; nous ne volerons pas davantage cette fois-ci que l'autre, c'est-à-dire que je n'appelle pas cela voler. Ce serait voler si nous prenions quelque chose qui pût être utile à M. Dupré ou à toute autre personne ; mais tu sais bien que nous prendrons seulement les pommes et les poires, qui se pourriraient à terre si nous les laissions.

—. Si tu entres dans le verger, j'irai le dire au jardinier demain matin ; je ne veux pas aller avec toi.

— C'est cela ! dit Joseph d'un ton de sarcasme, tu ne feras pas mal de le lui dire ; et moi je vais t'apprendre aussi ce que je ferai. Je cacherai la clé sous quelques broussailles dans le champ, puis je dirai que je t'ai vu prendre des pommes le jour de la fête ; j'aimerais savoir qui croira ton histoire, alors, ajouta Joseph en riant d'un air de triomphe, comme s'il eût été sûr de la victoire.

Pour la première fois, Henri sentit ce que c'est que d'avoir posé le pied dans le filet du péché. Que pouvait-il faire? Ils étaient à une centaine de pas de la porte du verger. Croyait-il que Joseph avait dit vrai, que ce n'était pas voler que de prendre une chose dont le maître n'avait aucun besoin? Non, il n'en croyait pas un mot. Sa pauvre mère ne l'avait pas élevé dans de tels principes. Il savait très-bien qu'aux yeux de Dieu, le péché était tout à fait le même, soit qu'il entrât dans le jardin et prît une pomme dont M. Dupré n'avait pas besoin, ou qu'il entrât dans son cabinet et prît un écu ou un louis. Quelle merveilleuse chose que la pensée! Avec quelle rapidité elle traverse l'esprit! Elle vole plus vite que la flèche lancée par l'arc, plus vite que l'éclair qui perce le nuage. Il me faudrait longtemps pour vous dire seulement la moitié des pensées qui se pressèrent dans l'esprit d'Henri, dans l'espace de quelques instants. Il pensa à sa mère qui n'était plus, à ses conseils et à son amour, à son petit frère infirme, à la conversation qu'ils avaient eue ensemble le jour de la fête ; il pensa au ciel et à l'enfer, aux joies de l'un et au malheur de l'autre. Un verset qu'il avait appris à l'école le dimanche précédent se présenta à sa mémoire : « Mon fils, si les pécheurs te veulent attirer, n'y consens pas. » Puis il se souvint d'un autre, que le pasteur avait pris pour texte peu de temps auparavant : « Car ayant été lui-même tenté, il est capable de secourir ceux qui sont tentés. »

Pouvez-vous me dire, cher jeune lecteur, qui lui inspirait ces pensées ? N'était-ce pas le Saint-Esprit luttant avec lui, cherchant à le guider vers ce qui était bon et à l'éloigner du péché ? En effet, c'était bien lui. La céleste colombe planait au-dessus de l'enfant dans ce moment-là, et murmurait doucement ces choses dans son cœur. Hélas ! hélas ! pourquoi le pauvre Henri détournait-il l'oreille et écoutait-il au contraire cet esprit menteur qui, bien qu'invisible à tous les yeux, rôdait autour de lui prêt à le dévorer ? Sa conscience disait : « Si tu prends les pommes, tu seras un voleur ; tu as promis après la fête que tu ne prendrais plus jamais rien qui ne t'appartînt pas. — Niaiseries que tout cela ! répondait Satan ; si les pommes ne sont pas pour toi, elles ne seront pour personne ; elles se pourriront à terre. — Dis à Joseph que tu ne veux rien avoir à faire avec lui, continuait la conscience. — Si tu lui dis cela, certainement il te jouera quelque mauvais tour. Il ira raconter que tu as déjà pris des pommes, » répondait Satan. Mais il n'y avait pas dans le jeune garçon de prières secrètes, pas d'élévation du cœur vers Dieu, pour lui demander son secours dans ce mauvais pas ; aussi Satan remporta la victoire , et les douces inspirations de la sainte colombe cessèrent pour un temps d'être entendues dans ce pauvre cœur égaré.

Joseph regarda autour de lui , ouvrit doucement la porte, entra, et Henri le suivit. Tous deux remplirent leurs poches, puis ils sortirent du jardin et continuèrent leur route en silence.

CHAPITRE VI.

La découverte.

Dans quelles dispositions se trouvait Henri lorsqu'il rentra chez lui ce soir-là ? Etait-il heureux ?
Non , il n'était rien moins qu'heureux. Etait-il
fâché du péché qu'il venait de commettre, malgré
les avertissements de sa conscience et quoiqu'il
eût eu le temps et les moyens de résister ? Non,
il n'en était pas du tout fâché. La première fois,
il en avait éprouvé une certaine tristesse , sinon
un véritable repentir ; il avait aussi pris la résolution de ne plus retomber dans la même faute ;
mais maintenant il ne ressentait plus rien de semblable. Si on le lui avait demandé, je doute que
lui-même eût pu dire quels étaient ses sentiments ; mais d'après les apparences il était maussade, irritable et effrayé. Il resta dans le jardin
jusqu'à ce que la lune, en se couchant , eût laissé

toutes choses dans l'obscurité. Alors il ouvrit la porte avec beaucoup de précaution et entra.

Devant la grille, où se trouvait encore un peu de feu, était couché un petit chat, le favori de Charles, qui en faisait son compagnon de jeu. Henri était généralement bon pour lui ; ainsi que Charles, il le caressait et jouait avec lui. Le petit animal, aussitôt qu'il entendit son pas, se leva pour courir au-devant de lui comme d'habitude, sautant autour de ses pieds et faisant entendre un petit miaulement de plaisir. Henri n'y fit pas attention ; sans doute ce dédain déplut au chat qui, décidé à le faire apercevoir de sa présence, sauta sur une chaise et de là à sa place favorite, sur l'épaule de son jeune maître ; alors celui-ci le prit dans ses deux mains et le jeta avec violence de l'autre côté de la chambre. La pauvre bête poussa deux ou trois cris plaintifs, comme si elle s'était fait mal ; il ne tourna pas seulement la tête pour la regarder ; mais, quittant ses gros souliers, il monta doucement jusqu'au milieu de l'escalier ; là il s'arrêta et parut écouter. Pourquoi faisait-il cela ? Pour savoir si Charles était endormi. Tout était si tranquille qu'il ne pouvait en douter, parce que Charles, quand il était réveillé, remuait beaucoup ; et puis, lorsqu'il dormait, sa respiration courte et oppressée s'entendait de loin, au milieu du silence de leur petite

maison. Oui , le pieux enfant dormait, en effet ;
et ces anges, dont il avait, avec une simplicité
enfantine et une foi si entière , demandé la pro-
tection à son Père céleste , dans sa prière du
soir, veillaient sur lui sans aucun doute.

Henri retourna dans la pièce d'en bas et alla
au buffet où l'on tenait le pain et le beurre. Il
y trouva, dans une assiette évidemment préparée
pour lui , une tartine , un morceau de gâteau
aux prunes et une petite tranche de pâté. Il pensa
que sa tante devait avoir apporté le gâteau et que
quelqu'un avait donné à Charles une tranche de
pâté, dont il lui avait, comme toujours , gardé
la moitié. Si c'eût été dans un autre moment,
il aurait été satisfait et reconnaissant ; mais maintenant, il posa l'assiette sur la table, en se mur-
murant à lui-même : « Je voudrais bien que ma
tante ne vînt pas toujours m'ennuyer avec ses
gâteaux froids ; elle devrait savoir que je ne les
aime pas , ni ce pâté non plus. Je n'entends pas
que Charles me traite toujours comme si j'étais
un grand enfant , ainsi que lui-même. Je ne
mangerai rien de tout cela ! » Il poussa brusquement l'assiette dans le buffet, et commença à
dévorer la tartine de beurre, avec une telle rapidité, que c'était merveille qu'il ne s'étouffât
pas ; ensuite il sortit de sa poche une pomme
et une poire , qu'il mangea de la même manière.

Après cela il s'assit les yeux fixés sur la flamme vacillante de la chandelle, que la longueur démesurée de la mèche faisait couler en gouttes brûlantes jusqu'aux bords du grossier chandelier.

En ce moment, un beau papillon de nuit, avec des ailes de velours teintes de pourpre, d'écarlate et tachetées de noir, vint voler autour de la lumière. Or, il se trouvait qu'Emilie faisait une collection de papillons. Henri lui en avait attrapé plusieurs dans les bois, et il savait qu'elle désirait beaucoup en avoir un de cette espèce, car elle la lui avait souvent décrite. Vous auriez cru qu'il allait saisir avec joie l'occasion de s'emparer de celui-ci et le garder pour elle : il n'en fit rien. Il regarda l'insecte voleter autour de la flamme, y brûler de temps en temps le bord de son aile si jolie, jusqu'à ce qu'à la fin, s'aventurant plus près que jamais, le bout de sa pauvre petite patte trempât dans le suif fondu ; et il fut pris malgré tous ses efforts pour se dégager. Henri le regarda tout ce temps ; il le regarda même avec une sorte de satisfaction. Au bout d'un instant le pauvre papillon cessa de se débattre, et Henri, avec un petit brin de paille, jeta dans la cheminée tout ce qui restait de son corps ; puis, donnant un autre coup de pied au chat, qui, oublieux du mauvais traitement qu'il avait déjà reçu, venait de nouveau se coucher à ses pieds, il éteignit la lumière et monta pour se mettre au lit.

Charles dormait toujours ; le rideau troué pendait devant la fenêtre , comme le soir de la fête de l'école. Henri se déshabilla tranquillement et allait s'agenouiller pour faire sa prière (car il n'osait pas abandonner les formes de la piété , quoique son cœur en fût bien loin), lorsque tout à coup, à travers ce même trou , son œil rencontra la douce clarté de cette même étoile sur laquelle Charles avait appelé son attention ce soir-là. Il se releva en tressaillant , découvrit le lit précipitamment et s'y jeta, enveloppant si bien son visage dans les draps, que pas un seul rayon de lumière ne put y pénétrer. Je ne sais pourquoi il fit cela : peut-être la vue de cette étoile, si pure, si brillante, lui fit-elle sentir avec plus de vivacité quelle sombre tache il y avait sur sa conscience ; peut-être lui rappela-t-elle qu'il y avait un œil toujours ouvert sur lui, qui lisait les plus secrètes pensées de son cœur, les actions les plus cachées de sa vie, et que toutes ces pensées , toutes ces actions étaient écrites dans les livres qui s'ouvriraient un jour devant le grand trône blanc. Croyait-il pouvoir se cacher de cet œil? Vain espoir ! Il y a un livre qui dit — (et ce livre ne peut mentir) : « Tu m'environnes , soit que je marche , soit

que je m'arrête , et tu as une parfaite connaissance de toutes mes voies. Si je dis : Au moins
les ténèbres me couvriront, la nuit même te sera
une lumière tout autour de moi. Les ténèbres
mêmes ne me cacheront point à toi , et la nuit
resplendira comme le jour ; autant te sont les
ténèbres que la lumière » (Ps. CXXXIX, 3,
11 , 12).

Cher jeune lecteur, pourquoi vous ai-je raconté tout cela ? Parce que je voudrais vous montrer comme *un seul* péché rend malheureux celui
qui l'a commis. D'ailleurs , un péché en amène
toujours d'autres à sa suite ; il peut endurcir le
cœur et y détruire tout bon sentiment. Le péché
tient sa malheureuse victime dans une terreur
constante, même lorsqu'il n'y a rien à craindre.
Henri n'était pas naturellement poltron. Pourquoi
donc se cacha-t-il dans le jardin jusqu'à la nuit
et entra-t-il ensuite si furtivement dans la maison ? Il était si loin d'être naturellement cruel,
que tous les animaux l'aimaient. Lorsque son
père avait un âne, il suivait Henri partout où il
allait, obéissant au moindre mot de lui ou même
à son regard : preuve qu'il était bien traité par
son jeune maître. Lorsqu'il trouvait sur la route
quelque oiseau blessé, il l'apportait chez lui, le
soignait et le caressait. Comment donc avait-il
pu être si cruel pour le pauvre chat et pour

le papillon? Henri n'était pas non plus un enfant ingrat. M. Dupré disait un jour à Emilie : « C'est toujours pour moi un plaisir de donner quelque chose à Henri Carton. Il remercie et salue si respectueusement, qu'il semble vraiment reconnaissant de ce qu'on fait pour lui. » Qu'est-ce qui lui avait donc fait repousser une portion de son souper d'une manière aussi ingrate? Hélas! à toutes ces questions, nous ferons la même réponse. Le péché auquel il avait cédé, la première chute qu'il avait faite le jour où commence notre histoire, avait étouffé dans son cœur tout bon sentiment; c'était en effet un si grand péché, comparé avec aucun de ceux qui avaient jamais chargé sa conscience jusqu'à ce jour, que tous les autres semblaient absorbés par celui-là. Chers lecteurs, gardez-vous de tout péché pour lequel vous auriez un secret penchant. Le péché d'Henri était le vol; mais bientôt après suivirent le mensonge, la tromperie, la cruauté et l'ingratitude.

Retournons maintenant au jour où Joseph apporta à Charles les prunes et la belle pêche. Il mangea les prunes; mais il trouva tant de plaisir à regarder la pêche et à la sentir, que rien ne put l'engager à la goûter. Henri essaya de lui persuader de la manger; mais ce fut en vain. A la fin, il réussit à la lui faire mettre dans une petite boîte avec un couvercle, en lui disant qu'elle se conserverait plus longtemps ainsi, que s'il la posait simplement sur l'étagère. Charles ne s'imaginait pas quel motif son frère pouvait avoir pour désirer qu'il cachât sa pêche ; enfin, lorsqu'il l'eut gardée à peu près trois jours, — et elle commençait à n'être pas en très-bon état, — il la sortit de sa cachette, pensant que, comme il était tout seul, elle lui serait une espèce de société. Il n'y avait pas plus de cinq minutes qu'elle était posée sur le tabouret à son côté, lorsqu'il entendit frapper à la porte un petit coup bien connu. C'était Emilie ; il y avait plus d'une semaine qu'elle n'était venue, et Charles n'en fut que plus joyeux de la voir. Après qu'elle eut causé avec lui un moment, on entendit à la porte un autre coup qui semblait frappé avec un bâton.

— C'est papa, dit la jeune fille ; il m'a dit qu'il aimerait à te voir, Charles, et je lui ai demandé de venir me prendre à son retour du village ce matin.

Charles se sentit un peu embarrassé, car il n'avait vu M. Dupré qu'une seule fois ; mais les douces manières et le sourire bienveillant du bon vieillard, si semblables à ceux d'Emilie, firent bientôt sentir au timide petit garçon que quoiqu'il pût avoir beaucoup d'argent, qu'il vécût dans une belle maison et qu'il eût une voiture, ces choses ne lui faisaient pas mépriser ceux qui étaient dans une position moins élevée que la sienne, et ne l'empêchaient pas de sympathiser avec eux et de désirer de les aider dans les épreuves que Dieu avait jugé bon de leur imposer.

Après qu'il eut adressé beaucoup de questions à Charles, son œil tomba sur la pêche.

— Quelle belle pêche vous avez là ! mon garçon, dit-il ; est-ce que votre père en cultive dans son jardin ?

— Oh ! non, monsieur, répondit Charles avec étonnement ; il n'y a que des pommes de terre et des choux dans notre jardin. C'est mon cousin Joseph qui me l'a donnée avec quelques prunes ; j'ai mangé les prunes ; mais la pêche était si belle que je n'ai pas voulu la manger ; je l'ai gardée depuis lors dans cette petite boîte, et de temps à autre je la sors pour la regarder et la sentir.

— Eh bien ! voilà en vérité une nouvelle manière de jouir des fruits, n'est-ce pas, Emilie ? dit M. Dupré avec enjouement. Mais pourquoi la tenez-vous dans cette boîte, Charles ? Puisque vous aimez mieux la regarder que la manger, je m'étonne que vous ne l'ayez pas laissée sur cette étagère à votre côté.

— C'est ce que j'ai fait d'abord, monsieur ; mais mon frère Henri m'a dit de l'enlever.

— Pourquoi ?

— Il disait qu'elle se conserverait plus longtemps renfermée, monsieur ; mais je crois qu'il s'est trompé, car ce côté est déjà tout moisi, dit Charles, retournant sa pêche avec un regard de tristesse.

— Et vous avez mangé les prunes ; étaient-elles aussi jolies que la pêche ? continua M. Dupré.

— Oh ! non, monsieur, pas la moitié aussi jolies. C'étaient de longues prunes jaunes ; il y en avait une rouge, mais je trouvai les jaunes meilleures.

— Vous ne savez pas de quel jardin elles venaient, sans doute ? dit le vieux monsieur.

— Non, monsieur ; Joseph n'a pas voulu me le dire ; mais Henri a dit qu'il pensait qu'on les lui avait données chez M. Bernard.

Bientôt après, les visiteurs prirent congé, et ils continuèrent leur route. M. Dupré chantait à voix basse des fragments d'un air de psaume, ce qui était pour Emilie un signe certain qu'il réfléchissait ; aussi garda-t-elle le silence. A la fin, l'air du psaume, après avoir été répété plusieurs fois, fut interrompu, et, se tournant vers elle, M. Dupré dit tout à coup :

— Emilie, il y a quelque chose de singulier, de très-singulier même, dans l'histoire de cette pêche. Je ne doute pas qu'elle ne vienne de notre jardin.

— Cher papa, comment peux-tu le penser ? répondit la jeune fille du ton du plus grand étonnement.

— Comment je puis le penser, Emilie ! Non-seulement je le pense, mais j'en suis tout à fait sûr. Il n'y a de pêches de cette espèce dans aucun jardin que le nôtre à 50 kilomètres à la ronde, et même pas aussi près, que je sache. J'en suis fâché plus que je ne puis le dire, parce qu'il est impossible que ces enfants se soient procuré la pêche honnêtement...

— Mais tu ne crois pas assurément que Charles ait fait rien de mal, qu'il se soit procuré la pêche malhonnêtement? interrompit Emilie avec vivacité.

— Non, Emilie, je ne suis pas tout à fait aussi soupçonneux, dit le vieillard avec un sourire affectueux ; rassure-toi et ne t'imagine pas que je vais faire mettre en prison ton petit favori pour avoir une de mes pêches en sa possession. Mais voici ce que je crois : son cousin Joseph ou son frère Henri ont dû trouver la clé qui, tu le sais, est perdue depuis une semaine. Certainement, quelqu'un doit l'avoir trouvée; car du fruit a été pris dans la nuit, quoique en petite quantité, et cependant la porte a été trouvée fermée le matin.

— C'est très-singulier, dit Emilie ; cependant,

je puis à peine me décider à soupçonner Henri.

— C'est aussi ce que j'éprouve, dit M. Dupré ; il a l'air si honnête et si franc que, s'il a eu une part dans ce vol, je suis convaincu que Joseph l'y a entraîné. Il est évident que c'est lui qui a fait le coup; mais Henri doit y être pour quelque chose; sans cela, pourquoi aurait-il tant tenu à ce que Charles cachât sa pêche?

Emilie se tut un moment, puis elle dit :

— Mais les prunes, papa ! je ne puis me rappeler que nous en ayons de l'espèce qu'a décrite Charles; et si quelqu'un a donné les prunes à Joseph, on aurait également pu lui donner la pêche. Certainement, papa, tu ne peux pas savoir ce qu'il y a dans tous les jardins des alentours ; quelqu'un peut avoir planté un pêcher de cette espèce depuis que tu as eu tant de peine à t'en procurer, il y a cinq ou six ans.

— Ah ! Emilie, cela ne va pas, ma chère enfant, cela ne va pas ! J'ai peur que tu ne te sois chargée de défendre une bien mauvaise cause, qui ne te fera pas honneur à la fin. Il est vrai que nous n'avions pas de prunes comme celles qu'a décrites Charles, car les arbres n'en avaient pas donné depuis plusieurs années; mais cette année-ci il y en avait de vingt à trente sur chaque arbre ; ils sont placés contre le mur du midi, à côté des pêchers, et, chose singulière, il en manquait plusieurs il y a quelques jours.

— Oh ! cher papa, c'est de pis en pis, dit Emilie avec tristesse ; mais si tu découvres que ces deux petits garçons aient en effet trouvé la clé et pris le fruit, que leur feras-tu ?

— Tu ne peux disconvenir, ma chère enfant, que ce serait un cas de vol aussi évident qu'il en fût jamais ; par conséquent, il me serait facile de les envoyer en prison ; mais je ne voudrais pour rien au monde faire cela. C'est peut-être une première transgression ; et s'il reste encore quelque espoir de les ramener au bien, je serais fâché de faire à leur réputation une tache que peut-être ils porteraient toute leur vie. Je ne pense pas non plus qu'il soit de mon devoir de laisser passer la chose sans rien dire ; ce ne serait qu'encourager ces enfants dans le vice, au lieu de s'efforcer de les corriger, comme il est de notre devoir de le faire.

— Si tu engageais M. Raimond à leur parler, papa ? Peut-être leur ferait-il avouer leur faute ; il peut le faire mieux que personne.

— C'est une bonne idée, Emilie. Je me demandais si je ne ferais pas bien de les envoyer chercher moi-même ; mais il vaut mieux laisser à M. Raimond le soin de leur parler. Nous pouvons passer chez lui en retournant à la maison, et tu lui raconteras toute l'histoire, du commencement à la fin, pendant que j'enseignerai à Mme Raimond à tailler les rosiers que nous lui envoyâmes la semaine dernière.

CHAPITRE VII.

Le lendemain matin, Joseph et Henri Carton étaient debout dans le cabinet de M. Raimond. Quel œil doux et paisible avait le pasteur ! Un seul de ses regards faisait souvent plus d'effet que vingt paroles de la part d'un autre. Chose singulière, n'est-ce-pas? lorsqu'il avait envoyé chercher les deux enfants, ils ne se doutèrent pas du motif qui les faisait appeler, quoiqu'ils vécussent dans une crainte perpétuelle que leur faute ne fût découverte. Cependant, dès qu'il leva les yeux (car il écrivait lorsqu'ils entrèrent) et qu'il dit d'une voix sérieuse : « Enfants, je vous ai envoyé chercher pour vous faire une question, » tous deux comprirent à l'instant quelle serait cette question.

— Je désire que vous me disiez , continua-t-il

en posant sa plume et en les regardant fixement,
si vous ne savez rien au sujet de la clé du
jardin de M. Dupré, qui est perdue depuis quelque temps.

Le cœur d'Henri battit avec violence, et il
devint très-rouge. Il n'en fut pas de même de
Joseph. Il prit l'air du plus grand étonnement,
et il répondit d'une voix assurée :

— Non, monsieur, nous n'en savons rien ni
l'un ni l'autre ; nous croyions qu'on l'avait trouvée
depuis longtemps.

— Etes-vous bien sûrs de ne pas l'avoir vue
depuis qu'elle est perdue ? dit M. Raymond.

— J'en suis bien sûr, monsieur ; je ne recon-
naîtrais pas cette clé si je la voyais ; et toi, Henri
la reconnaîtrais-tu ? dit Joseph ; et en même
temps il donnait à Henri un coup sous la table,
pour lui faire comprendre qu'il devait l'aider à
soutenir ce mensonge.

— Non, monsieur, dit Henri, je ne l'ai jamais
vue ; mais sa voix tremblait en parlant.

— Mes enfants, reprit le pasteur d'une voix
solennelle, j'ai peur que vous n'ayez commis ensemble un grand péché et que vous ne vous soyez
entendus pour y ajouter mensonge sur mensonge,
dans l'espoir de le cacher. J'ai des raisons que
vous ne connaissez pas, non-seulement pour sup-
poser, mais pour être presque certain que l'un

de vous a la clé en sa possession dans ce mo-ment même.

— Non, en vérité, monsieur, nous ne l'avons pas; nous avons aidé à la chercher lorsqu'on la fit crier, dirent à la fois les deux garçons.

— Joseph Carton, d'où venait cette grosse pêche et ces prunes que vous donnâtes à votre cousin Charles? demanda M. Raimond.

— Je ne sais de quelles pêches et de quelles pru-nes vous voulez parler, monsieur; j'apporte souvent à mon cousin le fruit que l'on me donne, répon-dit Joseph, toujours du même ton d'étonnement.

— Je suis surpris que vous ayez oublié les fruits dont je parle, car ils n'étaient pas ordi-naires. La pêche était très-grosse et très-belle, et les prunes étaient longues et jaunes; il y en avait aussi une rouge.

— Oh! je me rappelle maintenant, monsieur. Mon père apporta ces fruits de chez M. Bernard lorsqu'il y travaillait; le jardinier lui dit qu'il pouvait en prendre autant qu'il voudrait, parce qu'on allait tailler les arbres.

— On n'a pas l'habitude de tailler les arbres frutiers à l'époque de la maturité du fruit, dit M. Raimond; d'ailleurs, je pense que votre père ne peut pas être en deux endroits à la fois, et vous vous rappelez qu'il a travaillé pour moi les six dernières semaines.

Joseph fut confondu ; mais avant qu'il pût répondre, M. Raimond se tourna vers Henri et lui dit :

— Henri Carton, pourquoi avez-vous conseillé à votre frère de tenir sa pêche dans une boîte, au lieu de la laisser sur l'étagère ?

— Parce que je désirais qu'il la conservât aussi longtemps que possible, monsieur, répondit Henri.

— Ce n'est pas vrai, répliqua M. Raimond ; vous savez que vous fîtes tout votre possible pour l'engager à la manger.

C'était étonnant de voir avec quelle effronterie les deux enfants persistaient à nier le vol et à inventer toutes sortes de mensonges pour que M. Raimond les crût. Mais cela n'aboutit à rien ; les apparences étaient si fortes contre eux et ils se contredisaient si souvent, que le pasteur se sentait de plus en plus convaincu qu'ils étaient coupables. Pendant près d'une heure, ils se tinrent debout devant lui, tandis que M. Raimond faisait usage de tous les moyens que sa bonté pouvait lui suggérer pour éveiller la crainte dans leur esprit ou le repentir dans leur cœur. Mais tout semblait inutile. Le seul changement qui se fût opéré en eux, c'est qu'ils étaient, s'il est possible, plus endurcis qu'à leur arrivée. Certainement, du moins, c'est ce qui avait eu lieu chez Henri.

Ainsi que nous l'avons dit, il était d'abord très-agité ; mais maintenant, enhardi sans doute par l'effronterie de son cousin, il était aussi calme que s'il n'avait rien eu à se reprocher.

A la fin, M. Raimond s'arrêta et parut, pour un moment, plongé dans ses réflexions ; il l'était, en effet, car son âme était profondément affligée de voir deux êtres si jeunes, paraissant déjà si avancés dans la route du vice. Il était évident pour lui que Joseph était le principal coupable ; aussi il résolut de le laisser un moment et de s'adresser à Henri tout seul.

— Henri, lui dit-il, vous avez eu une mère, n'est-ce pas ?

— Oui, monsieur, dit l'enfant ; mais il y a longtemps qu'elle est morte.

— Où pensez-vous qu'elle soit maintenant ?

— Elle est allée au ciel, monsieur, dit Henri sans trahir encore aucune émotion.

— Vous aimait-elle, Henri ?

— Oui, monsieur, répondit le petit garçon, mais d'une voix quelque peu étouffée.

— Est-ce que vous l'aimiez ?

Henri ne put pas répondre, mais la contraction de ses traits montra quelle lutte il y avait en lui.

— Je crois que vous l'aimiez, n'est-ce pas ? dit M. Raimond avec douceur et à voix basse, en approchant sa chaise d'Henri et en posant la main sur son épaule. Je crois qu'il y a eu aussi des moments où vous avez espéré la revoir, aller habiter avec elle ce brillant séjour, où la séparation est inconnue, où le péché et le chagrin ne peuvent pénétrer. Mais dites-moi, Henri, en supposant qu'il plût au Tout-Puissant de vous enlever la vie dans ce moment même, tel que vous êtes maintenant, pensez-vous que vous seriez admis dans ce lieu de repos? Vous sentez-vous préparé à y aller? Croyez-vous que votre âme soit lavée dans le sang du Sauveur, ou sentez-vous qu'il y a sur cette âme des taches profondes que ce sang seul peut nettoyer?

Pauvre Henri! c'en était trop pour lui. Il couvrit son visage de ses mains, et s'asseyant sur une chaise il pleura amèrement, tandis que tout son corps était en proie à la plus vive agitation.

Joseph vit tout de suite que la partie était perdue; il résolut donc de s'en tirer le mieux possible, et, ne voyant pas d'autre parti à prendre que de tout confesser, il fit un pas en avant, prit un air repentant et humilié, et, bien décidé à faire tomber sur Henri une part égale du blâme mérité, il dit au pasteur :

— Je suis bien fâché, monsieur, que *nous* ayons trouvé la clé; nous n'avions pas l'intention de la garder, monsieur, et nous n'avons pas pris autre chose que la pêche et les prunes pour Charles.

   L'INTERROGATOIRE.

C'était un mensonge. Joseph avait pris du fruit à plusieurs reprises, quoique Henri ne l'eût fait que deux fois. Alors M. Raimond leur parla longtemps avec un sérieux rempli d'affection, mêlant aux peintures les plus touchantes de l'amour de Dieu et de sa miséricorde envers le pécheur repentant, les terribles menaces de sa justice et de sa colère envers ceux qui persistent dans le mal.

— Que ce jour, dit-il aux deux enfants, soit pour vous le commencement d'une vie nouvelle; repentez-vous sincèrement de vos péchés passés; mais souvenez-vous que la repentance ne suffit pas. Demandez à Dieu de vous pardonner pour l'amour de son Fils Jésus-Christ, et de vous aider à croire en lui comme en votre seul Sauveur. Demandez en son nom le secours du Saint-Esprit, et, vous confiant en ce secours, efforcez-vous sérieusement, chaque jour, à chaque heure, de mener une vie nouvelle. Devenez les véritables disciples de Celui qui ne commit point de péchés et « dans la bouche duquel il ne fut point trouvé de fraude, » en vous efforçant avec patience de suivre son exemple et de marcher sur ses traces. Priez avec ardeur et persévérance pour obtenir la force de marcher dans la route étroite. Ne pensez pas que des prières apprises par cœur et récitées le matin et le soir soient suffisantes; mais souvent, au milieu de vos travaux du jour, élevez votre cœur vers Dieu, vous souvenant que la prière qu'il préfère est celle qui part d'un cœur brisé et contrit, quelque simple que soit son langage, et quand même elle serait à peine formulée par des paroles.

M. Raymond leur dit encore beaucoup d'autres choses que nous n'avons pas le temps de répéter : il leur parla surtout du mal qu'ils avaient fait en ajoutant au péché du vol celui du mensonge. Les deux petits garçons paraissaient aussi repentants l'un que l'autre ; mais Dieu, qui seul lisait dans leurs cœurs, y voyait une différence que l'homme ne distinguait pas. Tous les deux promirent un changement de vie, mais Dieu seul savait de quel cœur cette promesse sortait avec une profonde et humble sincérité.

— Maintenant, votre premier devoir est de rapporter la clé à M. Dupré et de lui demander pardon, dit M. Raymond en les renvoyant, Souvenez-vous qu'il aurait pu, s'il l'avait voulu, agir avec vous différemment qu'il ne l'a fait. J'espère que vous ne cesserez jamais d'être reconnaissants pour sa bonté.

C'était une tâche pénible : Henri espérait presque que Joseph offrirait d'y aller seul ; mais Joseph n'était pas d'humeur à lui épargner une seule mortification. Ils y allèrent donc ensemble, et reçurent ensemble la courte mais sévère réprimande que M. Dupré crut de son devoir de leur adresser. Chose étrange à dire, aucun de leurs camarades d'école n'eut vent de ce qui s'était passé ; car ni M. Dupré ni M. Raimond n'en parlèrent à personne. Henri désirait ardemment que Charles sût tout. Plus d'une fois, il résolut de le lui dire ; mais lorsque l'occasion arrivait, le courage lui manquait, et la honte lui fermait les lèvres. Il fut malheureux pendant bien des jours, et pendant plusieurs nuits son sommeil fut agité, ses rêves inquiets ; il n'avait point de paix, car il négligeait de la chercher auprès de Celui qui seul eût pu la lui donner. La bonne semence avait été jetée dans son cœur, mais l'épi ne se montrait pas encore.

CHAPITRE VIII.

L'école du dimanche.

— Je dirigerai moi-même le second cercle aujourd'hui ; je vois que le moniteur est absent, dit M. Raimond, debout près de la table dans la salle d'école, une semaine après les événements racontés dans le dernier chapitre.

Les enfants furent joyeux de l'entendre, car c'était toujours considéré comme une grande faveur lorsqu'il prenait un cercle, ce qui ne lui arrivait jamais, à moins que, comme ce jour-là, le moniteur ne se trouvât absent. La plupart des enfants qui composaient ce cercle n'allaient pas à l'école pendant la semaine ; leurs parents étant pauvres, ils étaient obligés de travailler pour les aider. Quelques-uns d'entre eux avaient l'air borné ; et cela ne surprendra personne, si l'on considère que pendant toute la semaine, depuis le moment de leur lever jusqu'à celui de leur coucher, ils passaient leurs journées dans les champs solitaires, gardant les vaches ou les moutons, ou faisant du bruit pour chasser les oiseaux. Cependant ces enfants, quelque peu intelligents qu'ils fussent, paraissaient plus joyeux lorsque M. Raimond leur parlait. Ils l'aimaient véritablement ; si on leur eût demandé pourquoi, ils auraient eu probablement l'air très-étonné et n'auraient su que répondre : mais enfin, ils l'aimaient. C'est qu'aussi M. Raimond avait une manière d'enseigner qui lui appartenait en propre, et cette manière était si agréable, si sérieuse, si impressive, que l'enfant dont il ne fixait pas l'attention devait être bien léger et bien insouciant. Personne ne savait mieux que lui rappeler les pensées errantes ou les yeux distraits, et réveiller l'esprit engourdi et inattentif. Nous ne voulons pas rapporter en détail la leçon que le second cercle reçut de lui ce jour-là. Nous dirons seulement qu'après le chant des cantiques et la récitation, il choisit pour sujet l'histoire de Caïn et d'Abel. Il en tira des instructions frappantes. Il montra avec simplicité et clarté comment un péché conduit à un autre ; comment, par exemple, l'envie conduisit Caïn au terrible crime pour lequel il fut condamné à errer comme un fugitif et un vagabond sur la terre, avec la marque de Dieu sur son front. Il ajouta que, dans des centaines d'autres cas, la convoitise conduit au mensonge, à la fraude et au vol; et que les mauvaises pensées, de quelque genre qu'elles soient, si l'on s'y complaît et que l'on ne cherche pas à les chasser, se multiplieront bientôt comme des chardons dans un jardin, et étoufferont ou même détruiront entièrement dans le jardin du cœur les fleurs de sainteté et de vertu qui auraient pu y croître. Il n'y avait que deux élèves qui sussent pourquoi M. Raimond avait choisi ce sujet : il n'est pas nécessaire de les nommer.

— Dites-moi maintenant, continua le pasteur, après avoir parlé un moment sur la comparaison du chardon, quand pensez-vous qu'il serait plus facile d'arracher le chardon : aussitôt que nous le voyons dans notre jardin et lorsqu'il est à peine sorti de terre, ou bien lorsqu'il a crû, porté des fleurs et répandu ses graines?

— Il vaut mieux l'arracher lorsqu'il est tout jeune, crièrent plusieurs voix.

— Souvenez-vous donc, mes chers enfants, d'agir de même pour les mauvaises pensées; que ce soient des pensées d'envie, de convoitise, de mécontentement ou de mensonge, toutes sont également coupables, toutes vous amèneront infailliblement, si vous ne les chassez, à des actions coupabl es : il faut donc les déraciner dès leur naissance, ainsi que vous feriez des chardons de votre jardin. Combien n'y en a-t-il pas qui, pour n'avoir pas fait cela et pour s'être laissés aller d'abord à ce qu'ils appelaient un petit péché, ont été conduits peu à peu à commettre quelque grand crime, qu'ils expient maintenant en gémissant loin de leur terre natale, quoiqu'il fût une époque où, pas plus que vous maintenant, ils n'avaient la pensée que jamais ils pussent subir un sort aussi dégradant! Mais ce n'est point par notre propre force que nous pouvons résister à nos mauvais désirs. Que faut-il donc demander qui nous rende capables de penser et de faire le bien ? poursuivit le pasteur en regardant cette fois Joseph Carton.

Joseph baissa la tête d'un air maussade. Celui qui était à son côté répondit :

— Nous devons demander le secours du Saint-Esprit.

— Ne pouvons-nous pas même avoir de bonnes pensées sans le secours de Dieu?

— Non, monsieur ; la Bible dit que nous ne pouvons rien faire de bon par nous-mêmes.

— Et lorsque nous éprouvons un grand désir de commettre une mauvaise action, qu'est-ce que la Bible nous dit de faire ?

— De résister à ce désir, monsieur ; il y a un verset qui dit : « Résistez au diable et il s'enfuira de vous, » répondit Henri Carton.

— Pourquoi devons-nous désirer par-dessus toutes choses d'aimer Dieu et de le servir?

— Parce que Jésus a beaucoup souffert pour nous et nous a beaucoup aimés, répliqua un petit garçon aux yeux bleus.

M. Raimond et les enfants dirent encore beaucoup de choses, mais il n'est pas nécessaire de les raconter. Jetons un coup d'œil dans l'esprit des deux élèves que nous connaissons, pendant qu'ils reviennent de l'école. Ils prirent chacun un chemin différent, mais je ne puis vous dire pourquoi.

« Certainement, » pensait Joseph tout en marchant et en poussant les pierres avec son pied d'un côté de la route à l'autre, « certainement je n'irai plus à l'école lorsque je saurai que M. Raimond y est. A l'entendre parler, ce matin, n'aurait-on pas dit que nous étions tous des voleurs, et que nous allions tomber entre les mains de la justice! Pour moi, je ne l'ai écouté que parce que je n'ai pu faire autrement, et je ne l'écouterai plus jamais. C'est honteux, en vérité ! Je sais bien qu'il pensait à cette certaine clé, et qu'il disait cela parce qu'Henri et moi nous étions là. Vraiment, on a fait autant de bruit pour ces deux ou trois pommes que si elles eussent été d'or. » Telles étaient les pensées de Joseph. Une conscience coupable se tient lieu d'accusateur à elle-même.

« Oh! que je voudrais avoir toujours les sentiments que j'ai ce matin! » pensait Henri, tout en suivant avec lenteur le sentier qui le conduisait chez lui. « Combien il faut que M. Raimond soit bon! Je ne crois pas qu'aucun de nous puisse jamais arriver à lui ressembler. Cependant Charles lui ressemble; oui, certainement. Comment cela peut-il être? Il faut qu'ils aient tous les deux quelque chose qui me manque. Charles ne semble jamais avoir envie de rien faire de mal, tandis que cela m'arrive souvent, à moi. J'aime aller dénicher des oiseaux, et bien souvent j'aimerais mieux courir dans les champs que d'aller à l'école du dimanche ou à l'église. Que de fois aussi n'ai-je pas été dur avec Charles! Et puis cette clé, cette terrible clé! Oh! c'est là le pire! Je savais combien c'était mal d'entrer dans le jardin, et cependant j'y suis entré et j'ai pris des pommes. Oh! que donnerais-je pour ne l'avoir pas fait! J'essaierai d'être meilleur à l'avenir; oui, je veux essayer..... Mais M. Raimond dit que nous ne pouvons rien faire de bon par nous-mêmes. Je prierai Dieu de m'aider. Je lui dirai combien je suis fâché de tout le mal que j'ai fait; je le prierai de me rendre meilleur, de me pardonner le vol de la clé, et tous les mensonges que j'ai dits. » Et en même temps qu'une larme de repentance mouillait son œil, s'élevait de son cœur la prière la la plus sincère et la plus ardente qu'il eût peut-être jamais faite. Cette prière fut-elle entendue dans le ciel? Oui, sans doute, car Dieu ne méprise pas un cœur brisé et contrit, et Jésus, notre Médiateur et notre Avocat, est toujours debout devant le trône de Dieu, pour présenter les prières des pauvres pécheurs qui n'oseraient pas sans lui approcher de la majesté de Dieu.

Nous n'avons rien dit de Charles depuis quelque temps. Comme il ne savait rien de ce qui était arrivé à Henri, il ne comprenait point ce qui l'avait rendu si pensif, si maussade même quelquefois, pendant cette dernière semaine. Il lui avait demandé un jour s'il était malade, mais Henri lui avait répondu si durement qu'il n'osait plus répéter sa question.

Henri avait l'habitude, le dimanche après midi, lorsqu'il était allé à l'école ou à l'église (chose qu'il était obligé de faire), de passer son temps dans les champs avec d'autres petits garçons. Une de ses premières résolutions fut de renoncer à cette habitude. Il sortit de l'église, l'après-midi , avec l'intention d'aller directement chez lui ; mais il fut obligé de passer à côté d'un groupe d'enfants de son âge qui étaient ses compagnons ordinaires, et qui l'attendaient. Il leur dit qu'il rentrait à la maison et qu'il ne pouvait pas aller avec eux.

— Pourquoi rentres-tu si vite? dit l'un d'eux.

— Je vais rester avec Charles : il est tout seul.

— Et n'est-il pas toujours seul? répondit l'enfant ; cela ne lui fait rien ; viens donc avec nous : nous allons ramasser des noix.

— Non, je ne puis, dit Henri. Il aurait voulu dire qu'il savait que c'était mal de s'amuser le dimanche, mais il n'en eut pas le courage.

— Oh ! je sais ce que c'est, dit un autre garçon à Joseph qui se trouvait là ; Henri veut se faire dévot ; il ne nous trouve pas assez bons pour venir avec nous. Eh bien ! j'espère qu'au moins le pasteur lui donnera un prix pour cela !

Henri sentit la rougeur lui monter au visage à ces paroles injurieuses, et il était sur le point de répondre avec colère, lorsque la vue de M. Dupré, au bout du sentier, dispersa le petit groupe, et il s'en retourna tranquillement chez lui. Lorsqu'il arriva à la maison , Charles était assis, comme d'habitude, sur sa petite chaise, près de la porte, jouissant de la chaleur du soleil. Le petit chat, son seul compagnon, était endormi sur ses genoux. Il tenait à la main un petit livre d'histoires de la Bible, qu'Emilie lui avait appris à lire, et il les étudiait avec ardeur. Il leva la tête, lorsqu'il entendit le pas d'Henri.

— O Henri! dit-il, tu reviens aujourd'hui? j'en suis bien aise, car mon père est sorti en disant qu'il ne rentrerait pas avant la nuit, et ma tante ne viendra pas non plus, parce qu'elle doit aller à l'église et ensuite souper avec Mme Simon. Tu ne sortiras plus, Henri, n'est-ce pas ?

— Non, Charles, répondit Henri d'un ton plus doux que de coutume; je suis venu pour rester avec toi, et je ne veux plus aller avec les autres garçons, le dimanche après midi ; je resterai avec toi et je ne sortirai pas du tout, à moins que tu ne veuilles promener un moment dans la prairie.

— O Henri ! que je suis content, s'écria Charles; que tu es bon! mais tu préférerais aller avec tes camarades, n'est-ce pas? Car il ne pouvait s'imaginer qu'Henri restât à la maison pour un autre motif que pour lui faire plaisir.

Il n'arrivait pas souvent que l'on vît pleurer Henri. Comme la plupart des écoliers, il croyait que c'était quelque chose d'avilissant et d'indigne d'un homme que de répandre des larmes. Mais cette fois, il se couvrit le visage de ses mains, et l'on put voir de grosses larmes rouler à travers ses doigts.

— Henri, mon frère ! qu'as-tu ? s'écria Charles en lui jetant ses bras autour du cou ; dis-le-moi, Henri, dis-le-moi : quelqu'un t'a-t-il fait de la peine ?

— Non, dit Henri, qui maintenant sanglotait tout de bon ; ô Charles, tu ne sais pas combien j'ai été méchant... oh ! oui, très-méchant ! Si tu le savais, tu ne m'aimerais plus.

— Que dis-tu, Henri ? je t'aimerai toujours, quoi que tu aies fait.

— Oh ! Charles, je savais où était la clé ! Je ne l'ai pas trouvée, mais je n'en suis pas moins coupable. Je suis entré dans le jardin de M. Dupré et j'ai volé des pommes et des poires deux ou trois fois... Je savais aussi d'où venaient la pêche et les prunes ; j'attendais à la porte pendant que Joseph les prenait...

Il serait impossible de décrire le regard d'étonnement et de chagrin du pauvre petit infirme. Ils s'entretinrent longtemps ensemble, et les larmes de Charles se mêlèrent souvent à celles d'Henri pendant que celui-ci racontait, en se condamnant avec amertume, toutes les circonstances que nos lecteurs connaissent déjà.

— Mais tu ne le feras plus, Henri, n'est-ce pas ? dit Charles lorsque le récit fut terminé ;

et il levait vers son frère ses yeux bleus si doux qui exprimaient un mélange de tendresse, de crainte et d'espoir.

— Non, Charles; j'espère que je ne serai plus jamais aussi méchant; mais je disais déjà cela après la fête, et cependant tu vois que j'ai fait bien pire. Oh! Charles! j'ai été si malheureux depuis lors! je n'ai pas été content une seule fois.

— Dieu t'aidera si tu le lui demandes, Henri. Quelquefois je suis bien méchant, moi aussi. Je souhaite que Dieu ne m'eût pas envoyé cette infirmité et qu'il m'eût rendu fort comme toi; et si je ne prie pas Dieu, je deviens mécontent et misérable; mais lorsque je le prie, je redeviens heureux. Mlle Emilie m'enseigna l'autre jour un si joli cantique sur le Saint-Esprit; il était appelé la sainte Colombe, et il était dit que si nous le demandons à Dieu, il nous l'enverra pour murmurer de bonnes pensées dans nos cœurs.

— Oh! Charles! je voudrais être comme toi! penses-tu que Dieu veuille me rendre sage aussi, si je le lui demande?

— Oh! oui, Henri, je suis sûr qu'il le fera. Ne sais-tu pas qu'il est dit dans la Bible de ma mère que quoi que nous lui demandions au nom de Jésus, il nous le donnera? Seulement, il faut

que nous soyons sûrs de demander en son nom,
parce que tu sais que nous ne pouvons pas du
tout aller à Dieu sans lui.

— Eh bien, j'essaierai, Charles, oui, j'essaierai. Je n'irai plus avec Joseph et les autres garçons, dit Henri en serrant son petit frère dans
ses bras et en l'embrassant avec tendresse.

Il est écrit dans la Bible : « Il y a de la joie
dans le ciel pour un seul pécheur qui s'amende, »
et quelquefois il y a aussi de la joie sur la terre,
une joie pure et sainte, telle qu'en éprouvent les
anges. C'était certainement une semblable joie
qui faisait couler les larmes sur les joues pâles
du pauvre petit infirme pendant qu'il couvrait
de ses baisers le seul être sur lequel, depuis la
mort de sa mère, s'étaient répandus tous les
trésors d'affection contenus dans son cœur chaud
et aimant.

Vous pensez peut-être qu'ils continuèrent à
s'entretenir, formant des plans et des résolutions
pour leur conduite future ? Vous vous trompez.
Il y a des personnes qui peuvent facilement ex-
primer ce qu'elles éprouvent, mais Henri n'était
pas de ce nombre ; au contraire, il sentait toujours beaucoup plus qu'il ne disait. Aussi, lorsque
le premier épanchement fut passé, il ne mani-
festa aucun désir de continuer ce sujet. L'effort
qu'il avait dû faire avait été beaucoup plus pé-

nible pour lui que n'auraient pu le penser ceux qui ne le connaissaient point.

Que firent-ils alors ? Henri, pour la première fois de sa vie, alla chercher la grande vieille Bible de sa mère et lut à Charles un chapitre après l'autre jusqu'au moment du souper. Après le repas, ils firent une petite promenade dans la prairie pour voir le soleil couchant; ensuite ils rentrèrent se coucher. Charles passa son bras autour du cou d'Henri, et ils s'endormirent ensemble pendant que la petite étoile répandait de nouveau sur eux sa paisible clarté.

CHAPITRE IX.

Divers changements.

Peu de temps après , au grand étonnement d'Henri et de Joseph, M. Raimond les envoya chercher pour sarcler ses terres. Henri pensa que c'était une marque de bonté de sa part ; mais Joseph dit qu'il ne faisait cela que pour les surveiller et pour voir s'ils ne ramasseraient pas quelque pomme à moitié pourrie. Le fait est que M. Raimond désirait les mettre à l'épreuve et leur donner les moyens de regagner la bonne réputation qu'ils avaient perdue dans le village ; car la faute qu'ils avaient commise était parvenue à la connaissance de quelques-uns de leurs camarades d'école, qui ne manquèrent pas de la leur reprocher et d'en répandre la nouvelle dans le voisinage. Le pasteur donna ordre au jardinier d'avoir toujours l'œil sur les deux enfants et de surveiller leur conduite sans qu'ils pussent s'en apercevoir.

Au bout d'une quinzaine de jours, Joseph fut renvoyé; personne ne sut pourquoi, mais on disait tout bas dans le village qu'il était retourné à ses anciennes habitudes. Que cela fût vrai ou non, il aurait mérité d'être renvoyé pour sa seule paresse; le matin, il se rendait au travail une heure plus tard qu'il ne fallait; il s'en allait avant les autres quand cela lui était possible, ou bien il restait plus longtemps chez lui à l'heure des repas; et lorsqu'il prétendait travailler, il ne faisait pas, dans le même temps, la moitié autant d'ouvrage qu'Henri. Lorsqu'on lui signifia de ne plus revenir, il dit qu'il en était bien aise, parce qu'il était fatigué de sarcler; et la semaine suivante, il annonça à Henri qu'on lui avait proposé un emploi beaucoup plus lucratif à quelque distance du village. Il y alla en effet, et on n'entendit plus parler de lui de quelque temps.

A mesure que les semaines s'écoulaient et que l'hiver approchait, Henri voyait bien qu'il y avait de jour en jour moins à faire dans le jardin; aussi, lorsqu'un samedi soir, le pasteur le fit appeler dans son cabinet, il crut que c'était pour lui dire qu'on n'avait plus besoin de lui. Il n'était pas entré dans cet appartement depuis le jour où

Joseph et lui s'y étaient trouvés ensemble ; aussi n'est-il pas étonnant qu'il fût un peu pâle, tandis qu'il se tenait debout devant son maître à l'autre bout de la table.

— Henri, dit M. Raimond, je vois sur votre visage que vous n'avez pas oublié dans quelle occasion vous êtes venu dans cette chambre pour la première fois. Cependant je suis heureux de vous dire que je désire maintenant oublier pour toujours ce qui s'est passé, et je l'oublierai certainement si vous continuez à vous conduire comme vous l'avez fait pendant les quelques semaines que je vous ai employé.

Henri essaya de répondre, mais il ne réussit pas à dire grand'chose. Son maître continua :

— Vous avez travaillé chez moi pendant plus de six semaines ; pendant ce temps, quoique vous ne l'ayez peut-être pas soupçonné, j'ai soigneusement observé votre conduite, non-seulement ici, mais chez vous, la semaine et le dimanche, et je suis heureux de dire qu'elle m'a donné beaucoup de satisfaction. Notre Sauveur nous dit que nous connaîtrons chaque arbre à ses fruits. Je ne puis pas lire dans votre cœur, Henri ; Dieu seul le peut ; mais je puis voir les actions qui, je l'espère, en découlent, et, par conséquent, j'ai la confiance que vous vous efforcez de servir Dieu et de mener une vie nouvelle.

— J'espère que oui, monsieur, dit Henri d'une voix tremblante.

— Je le crois, répondit M. Raimond. Je désire maintenant que vous me disiez si vous avez l'espérance d'avoir du travail cet hiver, car celui que vous faites dans le jardin sera bientôt terminé.

— Non, monsieur, je ne crois pas en trouver; les fermiers ont rarement besoin de garçons dans l'hiver, et mon père ne travaille pas non plus.

— Eh bien! dans ce cas, j'ai formé un petit projet pour vous. Vous ne savez ni lire ni écrire assez bien pour quitter tout à fait l'école; aussi, vous devez continuer à y aller chaque matin régulièrement; mais vous pourrez venir à la maison avant le dîner pour faire tout ce que l'on vous demandera, et de nouveau dans l'après-midi. Si vous continuez à vous bien conduire, je ne doute pas que je ne puisse plus tard vous procurer quelque chose de mieux. Cela vous convient-il?

— Oui, monsieur, sans doute; je vous suis bien obligé de tant de bonté, dit Henri.

— Souvenez-vous, reprit M. Raimond, que votre avenir dépend de vous. Ne supposez point que, parce que je vous ai observé pendant quelque temps, je vais continuer à surveiller vos ac-

tions; je ne puis avoir dans ma maison un domestique qui nécessite une surveillance continue,
mais rappelez-vous qu'il y a quelqu'un là-haut qui
voit tout ce que vous faites. Je vous prends à
mon service comme un garçon honnête et d'une
bonne conduite, et j'espère que je n'aurai pas
de motif pour changer d'opinion à votre sujet.

Henri salua, et après avoir de nouveau remercié M. Raimond, il retourna à la maison pour
communiquer cette nouvelle à Charles.

Qu'il était heureux ! Il avait eu peur qu'on ne
lui témoignât jamais aucune confiance, et maintenant M. Raimond lui-même allait l'occuper.
C'était plus qu'il n'aurait osé espérer. Charles
était presque aussi joyeux que lui. « On verra
maintenant, » pensait-il, « que M. Raimond a
confiance dans Henri, et ses camarades ne l'ap-
pelleront plus voleur, comme ils firent un jour,
parce qu'il ne voulait pas aller dénicher des oiseaux avec eux le dimanche ! »

Nous devons maintenant laisser écouler quelques années de la vie de nos jeunes garçons.
Le village était le même qu'auparavant ; on voyait
toujours les mêmes boutiques avec les mêmes
noms, les mêmes maisons avec les mêmes habitants ; seulement, la mort, comme elle a accoutumé de le faire, avait enlevé ici et là quelque

vieux pèlerin ou quelque aimable jeune fleur pour les coucher, soit dans une fosse couverte de mousse du paisible cimetière, soit dans une ancienne tombe de pierre toute couverte de vieilles et étranges devises, où, depuis des siècles, ceux du même nom dormaient côte à côte ; car la mort ne fait pas de distinction : elle visite également le palais et la chaumière, le château et l'humble toit du paysan. Toutefois, elle n'avait frappé aucun de ceux que concerne notre histoire. Le bon M. Dupré vivait toujours ; ses cheveux étaient encore plus blancs, et l'on remarquait qu'en marchant il s'appuyait davantage qu'autrefois sur cette vieille canne à pomme d'or que nous avons fait connaître à nos lecteurs. Emilie était mariée et habitait à quelque distance. M. Raimond était toujours aussi aimé dans le village, et les Carton n'avaient pas quitté leur ancienne habitation. Henri était devenu un jeune homme fort et actif ; Charles avait peut-être un peu plus de force et marchait plus facilement que la première fois que nous avons fait sa connaissance ; mais il était encore incapable de gagner sa vie, et maintenant qu'il était plus âgé et qu'il voyait tous les enfants de son âge travailler de quelque façon, cette inaction forcée était pour lui un grand sujet de tristesse. Il aimait beaucoup la lecture, et, grâce aux leçons d'Emilie et après elle, d'Henri, il lisait très-bien; il savait même écrire et calculer d'une manière qui n'était pas à dédaigner. Le vieux maître d'école avait aussi été fort bon pour lui; il lui prêtait souvent des livres, lui donnant ainsi les moyens d'acquérir un degré d'instruction que l'on ne trouve pas généralement chez des enfants de son âge et de sa classe. Henri était toujours chez M. Raimond; on lui avait offert deux ou trois fois des emplois plus lucratifs, mais il n'avait pas voulu quitter son maître; de sorte qu'il était devenu une espèce d'homme de peine, travaillant au jardin et faisant tous les gros ouvrages. Son père menait toujours la même vie, et à mesure qu'Henri gagnait davantage, il apportait à ses enfants de moins en moins sur ses gains. Le père et la mère de Joseph avaient quitté le village depuis quelque temps, et l'on ne savait rien de celui-ci, si ce n'est qu'il changeait constamment de place, et cela sans motif satisfaisant.

Henri et Charles parlaient souvent de leur père et souhaitaient qu'il menât une conduite différente. M. Raimond le reprenait aussi, et alors il ne manquait point de promettre qu'il s'amenderait; mais « le jour favorable » n'arrivait jamais. Le printemps succédait à l'hiver, les fleurs s'épanouissaient, les fruits de l'automne mûrissaient, et toujours Jacques Carton était ce même homme insouciant, intempérant et impie, dont nous avons parlé en commençant notre histoire.

Un samedi soir, Henri était allé faire une commission à quelque distance pour Mme Raimond, et il retourna chez lui beaucoup plus tard que d'habitude; il était près de dix heures lorsqu'il rentra.

— Le père n'est-il pas de retour? telle fut sa première question à Charles.

— Non, répondit Charles, je ne l'ai pas vu de toute la soirée.

— Et il n'y a absolument rien pour dîner demain, dit Henri en allant au buffet, pas même du pain ni une pomme de terre. Il faudra donc que je dépense tout mon argent, continua-t-il. Je voulais demander à mon père de me laisser mettre de côté la moitié de mes gages de cette semaine pour acheter une blouse neuve; mais je vois qu'il n'y faut pas songer.

— Attends un moment, Henri, dit Charles; peut-être le père rentrera-t-il bientôt.

— Mais alors toutes les boutiques seront fermées, répondit Henri, et il voudra que j'aille acheter ce qu'il nous faut dimanche matin; non, j'aimerais mieux dépenser tout mon argent que de faire cela.

En conséquence, il prit une grande corbeille

qui était suspendue à un clou dans la chambre, et, réunissant les quelques pièces de monnaie qu'il avait posées sur la table, il sortit pour faire ses emplettes.

Au bout d'une demi-heure il rentra, apportant quelques provisions pour la semaine suivante.

— Il n'est donc pas encore revenu ? s'écria-t-il en posant le lourd panier sur la table; oh ! que je suis fatigué ! Je crois que je m'endormirai, s'il faut attendre encore longtemps ! (Et il se jeta sur une chaise vis-à-vis de Charles.) Je suis debout depuis ce matin, continua-t-il.

— Soupe, Henri, et va te coucher, dit Charles; j'attendrai mon père.

— Non, j'ai soupé, répondit Henri ; Mᵐᵉ Raimond m'a fait souper avant de revenir; d'ailleurs nous n'avons pas encore lu, ajouta-t-il en prenant la Bible de sa mère de sa place accoutumée. Il la tendit à son frère, en disant :

— Lis ce soir, Charles ; je suis si fatigué que je ne m'en sens pas le courage.

Charles prit le livre.

— C'est le XIIᵉ des Hébreux, je crois, dit-il en tournant les pages; et lorsqu'il l'eut trouvé, d'un ton simple, mais senti, il lut le beau chapitre qu'il avait nommé.

Henri paraissait écouter avec attention; mais

lorsque la voix de Charles cessa de se faire entendre, il ne fit aucune remarque ; il resta immobile à regarder le feu, absorbé dans ses pensées.

— A quoi penses-tu, Henri ? demanda Charles à la fin ; tu es bien fatigué : tu devrais te coucher.

— Je ne pensais pas à ma fatigue, maintenant, dit Henri ; je pensais à mon père. Je me disais que, s'il n'allait pas au cabaret, mais qu'il nous apportât son argent, comme fait l'oncle Jean, nous pourrions être bien à l'aise et avoir un intérieur plus agréable, au lieu d'être toujours dans la gêne, comme nous le sommes maintenant.

— C'est vrai, dit Charles tristement, mais peut-être est-ce pour notre bien. Ne te rappelles-tu pas ce que dit le chapitre que nous venons de lire sur ceux qui sont châtiés ?

Henri ne répondit pas, mais il regarda Charles de manière à montrer qu'il le comprenait. La fatigue du corps l'emporta bientôt sur l'inquiétude de l'esprit, et, appuyant sa tête contre la cheminée, il tomba dans un profond sommeil, pendant que Charles continuait à méditer le saint livre. Le timbre fêlé de la vieille pendule, dans le coin, sonna onze heures, mais le dormeur ne s'éveilla pas ; puis, la demie.

Charles ferma le livre; enfin, au bout d'une longue demi-heure, douze coups se firent entendre. Henri tressaillit et s'écria en se frottant les yeux : — Quelle heure est-il? est-ce onze heures?

— C'est minuit, répondit Charles. Que tu as dormi longtemps, Henri! je ne voulais pas te déranger.

— Mais notre père n'est-il pas rentré? demanda Henri; il n'est jamais resté dehors aussi tard.

— Où peut-il être? dit Charles; je vais ouvrir la porte pour écouter; peut-être l'entendrons-nous venir.

— Je ferai mieux d'aller voir si je puis le trouver dit Henri, en prenant son chapeau pour sortir. Qu'il fait froid! ajouta-t-il en frissonnant, comme une bouffée de vent s'engouffrait par la porte ouverte; il fait bien sombre, aussi. Il y avait des étoiles lorsque je suis revenu, mais à présent le ciel est très-couvert; je ferai bien de prendre la lanterne.

Il la prit, en effet ; mais il se passa longtemps avant qu'il pût trouver aucune trace de l'objet de sa recherche. Il alla chez un homme qu'il savait être un des compagnons habituels de son père; tout le monde était couché. Il frappa à la fenêtre et demanda à la femme si son mari n'avait pas vu son père de la soirée.

—. Quoi ! n'est-il pas rentré ? dit l'homme en se mettant à la fenêtre ; il a quitté le cabaret en même temps que moi, à peu près à dix heures et demie, et il a pris ce sentier qui descend le long du torrent ; je crois que vous feriez bien de retourner chez vous par ce chemin.

Les bords du torrent étaient solitaires et pittoresques. Rien de plus joli, lorsque, sous les rayons d'un soleil d'été, ses eaux étincelantes coulaient avec un doux murmure sur les cailloux, baignant la fougère et la mousse veloutée ; mais ce n'était certainement pas un lieu que l'on aimât à visiter de nuit, lorsqu'un vent aigu sifflait à travers les arbres et faisait entendre toutes sortes de bruits étranges dans les rochers. Il était surtout bien pénible de s'y trouver avec une mission semblable à celle du pauvre Henri. Il avançait en tâtonnant le long de l'étroit sentier, sachant à peine ce qu'il cherchait, et cependant redoutant sans cesse que la lueur blafarde de sa lanterne ne lui découvrît quelque chose de terrible. Le ruisseau était traversé par un petit pont rustique, comme l'on en voit souvent dans la campagne ; il était formé simplement par deux troncs d'arbre placés à côté l'un de l'autre et soutenus de chaque côté par de grosses pierres. Au grand jour même, il fallait un œil et un pied très-sûr pour s'aventurer sur ce pont si frêle, mais de nuit peu de personnes auraient osé tenter de le traverser. Henri avait dépassé cet endroit depuis un moment, lorsqu'il fut frappé de l'idée qu'il n'avait pas regardé dans le ruisseau; peut-être son père s'était-il trompé de route, et, en essayant de traverser le pont, était-il tombé dans l'eau... Il retourna aussitôt sur ses pas, et, s'agenouillant sur le bord, il promena sa lanterne tout autour de manière à ce que la lumière éclairât chaque pierre et chaque rocher. Il ne regarda pas longtemps : ses craintes n'étaient que trop fondées ; du côté opposé, il vit son père gisant, la moitié du corps dans l'eau, sa tête et ses bras appuyés sur une pointe de rocher. Son visage était d'une pâleur livide et presque hideux, et sur son front se trouvait une large blessure. Henri le crut mort, et aussitôt, avec une rapidité qui montrait que toute sa fatigue était oubliée, il courut vers la maison où il était allé chercher des indications. Il eut bientôt du secours. La vie n'était pas encore éteinte, et en moins d'une heure le blessé fut rapporté chez lui.

Nous ne raconterons pas la scène de cette nuit. Qu'il nous suffise de dire que les blessures occasionnées par la chute, soit au-dehors, soit à l'intérieur, étaient si graves, qu'il parut d'abord impossible que le malheureux survécût seulement quelques heures. Cependant, Dieu, dans sa miséricorde, l'épargna pendant plusieurs semaines. Lorsque, à la fin, les tintements solennels de la cloche de l'église annoncèrent que son âme s'était envolée de ce corps terrestre et souffrant, on dit dans le voisinage : « Pauvre homme, c'est une heureuse délivrance ! Personne ne peut dire ce qu'il souffrait. » Mais le pasteur n'osait parler avec tant de confiance. Il avait si souvent été témoin du peu de sincérité des résolutions prises sur un lit de maladie, qu'il éprouvait de la répugnance à donner son opinion quant à la la réalité d'une repentance aussi tardive.

« Espérons que tout est pour le mieux, » disait-il, « la charité nous le commande ; mais ne compromettons pas notre propre salut en remettant de nous en occuper jusqu'à un moment si terrible et d'ailleurs si incertain. Jacques Carton est mort repentant, d'après les apparences ; mais au dernier jour seulement, nous saurons s'il est mort pécheur pardonné. »

CHAPITRE X.

L'avenir de Charles.

C'était un dimanche ; les funérailles venaient d'avoir lieu ; le petit groupe de voisins, qui s'étaient rassemblés pour y assister, étaient encore debout dans le cimetière, devisant avec beaucoup d'animation sur le caractère et sur la conduite du défunt, ainsi que sur les chances d'avenir de ceux qu'il laissait derrière lui.

— J'en suis bien affligée à cause de ce petit garçon infirme ; vraiment, il est bien à plaindre, disait une femme dont le visage portait l'empreinte de la bonté. Mère de six enfants, elle habitait le village depuis peu. — Je ne le connais pas beaucoup, ajouta-t-elle ; mais cela fait mal au cœur, rien que de le voir boiter comme il fait, et il est aussi mince qu'une planche.

— Ah ! c'est un aimable enfant que Charles

Carton, sans nul doute, dit un vieillard aux cheveux blancs. L'hiver dernier, lorsque je souffrais tant du rhumatisme, que je ne pouvais pas seulement me remuer dans le lit, il ne se passait pas un jour, par le froid, la neige ou la pluie, qu'il ne trouvât le moyen de venir me voir pour me lire un chapitre. C'est un plaisir de l'entendre parler ! je l'ai entendu quelquefois dire d'aussi bonnes choses que le pasteur lui-même.

— Quelques personnes disent que ce n'est qu'une momerie, remarqua une vieille femme, dont le long visage avait toujours une expression d'aigreur et qui semblait n'avoir jamais un mot de bonté pour personne.

— Comment ! qui dit cela ? s'écria le vieillard avec vivacité, et ses yeux brillèrent d'indignation. Je crois que ceux qui le disent feraient mieux de se taire, et vous aussi Mme Simon. Je connais Charles mieux que personne, et je l'ai connu longtemps sans savoir ce qu'il valait. Quand est-ce, s'il vous plaît, que vous l'avez vu faire des momeries, Mme Simon ?

— Eh ! il s'est toujours conduit très-poliment envers moi, M. Bertrand, répondit la vieille femme, et certainement je ne voudrais pas dire de mal de lui. Seulement, j'avais entendu dire que, bien que le pasteur fît grand cas de lui, il ne

valait peut-être pas mieux que bien d'autres ;
voilà tout ce que je sais, M. Bertrand.

— Eh bien ! vous aurez la bonté de ne plus
répéter de tels propos, dit le vieillard, ou je
vous demanderai de les prouver.

— Oh ! certainement, je ne les répéterai plus,
M. Bertrand, dit la femme, qui semblait avoir des
raisons particulières pour désirer de ne pas offen-
ser le vieillard ; je n'avais pas de mauvaise intention, je vous assure. Si Charles est obligé d'aller
à l'hospice, j'en serai aussi fâchée que qui que
ce soit ; mais sans doute c'est ce qu'il devra faire.

— Pauvre petit ! s'écria la femme qui avait
parlé la première ; je gage qu'il n'ira pas, malgré tout. Son frère Henri ne le mettra pas à
l'hospice tant qu'il aura deux mains et deux bras
pour travailler ; qu'en dites-vous, M. Bertrand ?

— Je ne sais pas, dit le vieillard en secouant
la tête ; je sais à peine qu'en penser, Mme David.
Henri a la bonne volonté, pour cela, je n'en
doute pas ; mais les garçons de son âge ne peuvent pas gagner plus que les maîtres ne veulent
leur donner. Je crois que si Henri gagne six ou
sept francs par semaine, c'est tout ce qu'il peut
faire, et cela ne me semble pas grand'chose,
pour nourrir et habiller deux garçons.

— Ce n'est pas grand'chose, en effet, dit
Mme David ; cependant je crois qu'après tout

j'ai raison, ajouta-t-elle en s'en allant. — Quoiqu'elle n'en dît rien à personne, la brave femme s'en allait avec l'intention de dire aux deux frères que, s'ils voulaient chaque semaine lui apporter leur petit paquet de linge, elle le laverait avec le sien. « Cela ne me donnera pas beaucoup de peine, » pensait-elle, « et je leur épargnerai toujours quelques sous de cette manière. Nous ne savons pas où nos propres enfants peuvent en venir, un jour. »

Bonne, charitable femme! Il serait à désirer qu'il y en eût beaucoup comme elle dans le monde, beaucoup dont on pût dire avec vérité : « Elle a fait ce qu'elle a pu! — elle a fait ce qu'elle a pu pour soulager les pauvres et les délaissés, pour consoler, pour soutenir les malheureux ! »

— Je n'ai pas encore eu le temps de vous parler, Henri, dit M. Raimond le matin suivant, en s'asseyant sur un petit banc du jardin, à côté de la bordure qu'Henri était occupé à bêcher. Mais je voudrais causer un moment avec vous et savoir si vous avez formé quelque projet pour l'avenir.

— Je vous remercie de votre bonté, monsieur, dit Henri en saluant et en s'appuyant sur sa bêche; je n'ai formé aucun projet, seulement, j'espère que vous voudrez bien me garder à votre service.

P. 110.   HENRI, LE JARDINIER.

— Certainement, Henri, je désire beaucoup vous garder, à moins que vous ne trouviez une meilleure place; et avec la bonne réputation que vous avez acquise, je ne doute pas que vous ne la trouviez bientôt.

— C'est possible, monsieur ; mais je n'aurais pas pour un autre maître l'affection que j'ai pour vous, répondit Henri, se remettant soudain à retourner une pellée de terre; non, pas même quand il me paierait le double... Avec votre permission, monsieur, je préfère continuer à vous servir.

M. Raimond était évidemment satisfait.

— Très-bien, Henri, dit-il, vous resterez donc chez moi, et j'espère que vous n'aurez jamais aucun motif de vous repentir de votre choix. Mais Charles, que deviendra-t-il?

— Eh bien, monsieur, d'abord il est clair que nous ne pouvons pas garder la maison, et quand nous le pourrions, elle est maintenant trop grande pour nous. On a trouvé un locataire, et à la fin de la semaine, j'emporterai nos quelques meubles chez Mme David. Elle est venue ce matin et a été toute bonne pour nous. Elle dit qu'elle a une petite chambre qu'elle me louera pour 3 fr. par mois; c'est très-charitable de sa part, car je sais qu'elle en retirait 4 fr. auparavant.

— Elle et son mari sont de dignes gens, dit

M. Raimond ; je suis bien aise que vous alliez vous loger chez eux.

— Oui, monsieur, et je sais aussi qu'ils seront bons pour Charles, ce à quoi je tiens beaucoup. Depuis que ma tante est partie, Mme David a dit bien souvent à mon frère de venir passer tout le jour chez elle : elle n'aimait pas de le voir toujours seul.

— Voulez-vous dire, Henri, que votre frère aussi demeurera chez les David ? Je croyais que vous parliez seulement de vous. Comment pourrez-vous vous nourrir et vous habiller tous les deux ? Cela vous sera impossible, tout à fait impossible, je le crains ; et quoique j'admire beaucoup vos sentiments, je dois vous dire que, quant à ce qui regarde votre frère, vos projets me semblent bien difficiles à réaliser.

Henri leva la tête d'un air étonné. — Mais comment puis-je faire, monsieur ? Je ne puis pas former d'autres projets, que je sache.

— Eh bien ! Henri, vous n'avez qu'une ressource. Vous savez que ceux qui logent à l'hospice sont bien traités et bien soignés ; tout le monde pense que Charles, pauvre garçon...

— Il n'ira pas, monsieur, il n'ira pas ! s'écria Henri en jetant sur son maître un autre regard d'étonnement et en retournant avec vivacité deux ou trois pellées de terre. — Non, je vous demande pardon, monsieur, mon frère n'ira pas à l'hospice aussi longtemps que j'aurai la force de travailler pour lui, ajouta-t-il en s'essuyant les yeux du revers de sa manche. Comment, monsieur ! mais il en mourrait, et je n'aurais plus rien alors qui m'engageât à travailler; je n'aurais plus d'intérêt à rien.

— Mais jamais vous ne pourrez, avec sept francs par semaine, suffire à vos besoins, Henri, continua son maître.

— Eh bien ! sauf votre permission, monsieur, maintenant que je connais un peu les travaux d'un jardin, je pourrai quelquefois gagner quelques sous dans la soirée, en m'occupant de cette manière. J'ai aussi l'idée que l'oncle Jean pourrait m'apprendre à faire mes souliers ; je sais déjà les raccommoder, et cela m'épargnerait toujours quelque chose. Peu m'importe ce que je ferai, monsieur; mais je ne puis laisser aller Charles à l'hospice. D'ailleurs, il mange si peu ! quant à moi, je me contente de tout. Oh ! monsieur, je suis sûr que nous pourrons très-bien nous tirer d'affaire !

— Allons ! j'en parlerai à ma femme, dit le pasteur en s'en allant ; et dans moins de cinq minutes toute la conversation avait été rapportée à Mᵐᵉ Raimond.

— C'est un noble jeune homme, dit celle-ci.

Au reste, je l'ai toujours aimé, quoiqu'il soit un peu brusque quelquefois. Mais il nous faut l'aider en quelque manière, mon ami, ajouta la bonne dame. Tu lui donneras un franc de plus par semaine ; et je dirai à la cuisinière de lui donner chaque jour la moitié des restes de la table. C'est justement hier qu'elle m'a demandé ce qu'il fallait en faire, maintenant que la pauvre vieille mère Anne est morte.

Plusieurs mois se sont écoulés ; nous allons jeter un coup d'œil dans le cabinet de M. Dupré. On est aux premiers jours du printemps ; un feu clair brûle dans la cheminée mais la fenêtre est ouverte pour laisser entrer l'air et le soleil d'une brillante matinée d'avril. M. Dupré est assis dans son fauteuil, à sa place accoutumée. A son côté se trouve une dame que nous connaissions autrefois sous le nom d'Emilie, mais qui s'appelle maintenant Mme Martin ; tandis que sur ses genoux, jouant avec sa chaîne, est assise une jolie petite fille de trois ou quatre ans, avec des yeux bleus remplis de douceur, et une profusion de cheveux dorés tombant en boucles sur ses épaules.

Le père et la fille étaient engagés depuis un moment dans une conversation pleine d'intérêt. Mme Martin faisait des questions sur le village et sur ses habitants, — car elle résidait dans un endroit éloigné, et il y avait longtemps qu'elle n'était venue chez son père. Tout à coup l'enfant les interrompit en frappant des mains, et elle s'écria en quittant les genoux de sa mère :

— Un papillon ! un papillon ! regarde, maman, regarde !

Puis elle se mit à courir à la poursuite de l'insecte brillant qui venait d'entrer par la fenêtre et qui allait se poser sur un vase de fleurs, de l'autre côté de la chambre. Il était facile de voir que la pauvre enfant boitait en marchant, quoique la rapidité de son pas montrât que le mouvement ne lui causait aucune fatigue.

— Et comment se porte le pauvre Charles Carton, dit Mme Martin, lorsque l'enfant fut revenue à son côté.

— Toujours à peu près, répondit M. Dupré ; le père est mort, comme tu dois l'avoir appris, et les deux garçons ont loué une chambre chez Mme David, — à cette maison où tu admiras tant le chèvrefeuille, lorsque nous traversâmes hier soir le village.

— Ah! je sais, dit Mme Martin ; mais, papa, comment font-ils pour vivre?

— Henri est encore employé par M. Raimond, et je ne doute pas que, dans la maison, on ne soit bon pour eux de toutes manières. C'est un garçon d'un beau caractère que cet Henri.

Lorsque leur père mourut, tout le monde disait qu'il faudrait que Charles allât à l'hospice; mais il s'y opposa fortement, déclarant que son frère n'irait jamais, tant qu'il aurait des mains pour travailler. Je ne sais trop comment ils peuvent se suffire.

— C'est très-bien, de la part d'Henri, dit Mme Martin. Je suppose que le pauvre Charles ne peut rien faire?

— Oh! non, rien du tout; quelquefois, cela l'attriste; il dit que c'est une honte pour lui de vivre sur les gains d'Henri. Cependant, je crois que M. Raimond s'est mis dans la tête d'en faire un tailleur. C'est le métier de l'homme chez qui ils logent, et le pasteur pense que ce serait pour Charles une bonne occasion de l'apprendre.

— J'avais toujours pensé que cet enfant était doué d'une intelligence remarquable? dit Emilie d'un ton interrogatif.

— Je le crois aussi, au moins si l'on peut se fier au jugement du pauvre vieil André, le maître d'école; il dit qu'il connaît toute la bibliothèque de la paroisse mieux que qui que ce soit dans le village.

— Dans ce cas, il me semble qu'on pourrait faire de lui autre chose qn'un tailleur, répondit Mme Martin, en prenant la petite fille sur ses genoux et en l'embrassant avec tendresse. — Sais-tu bien, papa, ajouta-t-elle d'une voix émue, que je pense souvent, lorsque je regarde cette chère petite, combien j'aimerais être utile à ce pauvre garçon ? D'ailleurs, j'ai toujours eu beaucoup de sympathie pour lui.

— Eh bien, ma fille, quel serait ton plan ? dit le vieux monsieur avec bonté ; je t'aiderai si je puis, c'est-à-dire si tu me le permets.

— Merci, cher papa, merci, répondit-elle en se levant pour l'embrasser. Il faut premièrement que j'aille voir M. Raimond et Charles ; mais dis-moi d'abord, je te prie, ce que tu penses d'André : ne devient-il pas bien infirme ?

— Très-infirme, en effet, dit M. Dupré, et ce n'est pas étonnant, si l'on se rappelle qu'il est instituteur depuis plus de quarante ans.

— Autant que cela ; vraiment ! dit Mme Martin ; eh bien ! adieu, papa, je te dirai mon projet quand je reviendrai.

Et elle sortit avec sa petite fille dans ses bras.

CHAPITRE XI.

Un heureux changement.

Mme Martin alla d'abord chez M. Raimond, avec qui elle eut une longue conversation. Puis ils se dirigèrent ensemble vers l'école, et après avoir visité la salle des garçons, ils prirent le chemin de la petite maison où habitait la bonne Mme David avec son mari, ses six enfants et ses deux jeunes amis, Henri et Charles. M. Raimond n'entra pas.

— Je crois que vous arrangerez mieux tout cela à vous seule, dit-il en serrant la main d'Emilie, lorsqu'il la quitta à la porte.

Charles fut très-heureux de voir son ancienne amie. Il était seul, et il avait à la main un morceau de drap sur lequel il apprenait à faire des boutonnières. Après l'avoir questionné avec intérêt au sujet de sa santé, Mme Martin lui dit :

— Que faites-vous là, Charles ? Voulez-vous donc devenir tailleur ?

— Je ne sais pas, madame, répondit-il ; mais M. David, qui est très-bon pour moi, m'a dit qu'il m'apprendrait son état gratuitement, et j'essaie de faire des boutonnières pour commencer.

— Aimez-vous ce genre de travail ?

L'enfant se tut un moment, puis il répondit :

— Non, madame, je ne puis pas dire que je l'aime. Je n'ai jamais aimé à coudre ; lorsque ma tante voulait m'enseigner à faire de la tapisserie, cela m'ennuyait ; mais ne pouvant faire autre chose, je crois que je dois essayer d'apprendre le métier de tailleur, puisque M. David est assez bon pour vouloir m'enseigner. Il me semble si honteux d'être toujours oisif, lorsqu'Henri travaille si péniblement ; d'ailleurs ce n'est pas bien.

— Mais peut-être pourriez-vous faire quelque autre chose, dit Mme Martin ; quel âge avez-vous ?

— J'aurai quinze ans au mois de novembre, madame ; j'ai maintenant quatorze ans et demi.

— Mais vous êtes un grand garçon, Charles ! dit son amie en souriant. Je vous croyais plus jeune d'un an ou deux. Vous savez lire et écrire, n'est-ce pas ?

— Oui, madame, je crois lire passablement ; vous savez que vous-même me l'avez appris autrefois. Je sais aussi un peu écrire et faire des additions.

— C'est Henri qui vous l'a appris, je pense ?

— Oui, madame ; il me donne des leçons pendant les longues soirées d'hiver, répondit Charles ; mais il n'ajouta point qu'il était maintenant plus habile que son maître.

— Vous n'êtes jamais allé à l'école ?

— Non, madame ; j'ai essayé pendant une semaine ; mais notre maison était si loin de l'école que je ne pouvais pas faire cette course ; cela rendait ma jambe si malade, que le médecin me dit qu'il fallait cesser.

— Est-ce la jambe amputée ou l'autre qui vous fait tant souffrir en marchant ?

— C'est l'autre, madame. Le médecin prétend que lorsque j'étais petit et qu'on m'eût coupé la jambe, je dus marcher beaucoup et celle-là se fatigua trop ; maintenant le pied et la cheville n'ont plus autant de force que ceux des autres personnes ; quelquefois ils s'enflent lorsque j'ai trop marché.

— Mais cependant votre santé est meilleure qu'autrefois, n'est-ce pas ?

— Oh ! oui, madame, je suis beaucoup plus fort, et je n'ai plus de maux de tête.

— C'est une très-bonne chose. Aimez-vous toujours la lecture, Charles?

— Oui, madame, je l'aime beaucoup. M. André a souvent la bonté de m'apporter de jolis livres de la bibliothèque.

— Si vous le voulez bien, Charles, j'aimerais à vous entendre lire un peu et à voir votre écriture.

Charles fut très-heureux de satisfaire à cette demande. Il montra son écriture et lut différents passages que Mme Martin lui indiqua, avec une netteté qui la surprit, et avec un ton et un accent qui montraient que, non-seulement il prononçait les mots correctement, mais qu'il comprenait parfaitement ce qu'il lisait.

— Je suis très-satisfaite, Charles, dit-elle; vous lisez très-bien et vous écrivez beaucoup mieux que je ne l'espérais. Dites-moi maintenant si vous n'aimeriez pas mieux être instituteur que tailleur?

— Oh! madame, répondit Charles, les yeux étincelants de plaisir, je n'ai jamais pensé à cela. Je croyais que les instituteurs devaient être très-habiles.

— Mais les tailleurs aussi doivent être habiles d'une certaine manière, Charles; et cependant vous pensez que vous pourriez apprendre cet état.

— Oui, madame; mais c'est si différent! Je crois que personne ne voudrait être tailleur s'il pouvait espérer de devenir maître d'école. Mais comment pourrais-je apprendre ce qu'il faut pour cela, madame?

— Je vais vous dire ce que j'en pense, dit Mme Martin; et elle se mit à lui développer son projet. Il serait trop long d'en raconter ici tous les détails, mais nous indiquerons au moins de quoi il s'agissait.

Mme Martin, ainsi que nous l'avons déjà dit, était allée en se mariant habiter à une distance assez considérable du lieu où elle avait passé son enfance; mais elle avait emporté avec elle cette même bonté de cœur qui lui avait attiré l'affection de tous dans son village natal. La propriété de son mari, qu'il avait achetée depuis peu, était située dans un pays mal cultivé et où l'on n'avait jamais rien fait pour le bien et pour l'instruction des paysans. Le premier soin de M. Martin fut de s'efforcer d'améliorer leur condition; dans ce but, il établit une école pour les enfants, sous la direction d'un jeune homme capable et pieux. Or, Mme Martin avait pensé que si Charles était placé sous ses soins pendant un an ou deux, il pourrait un jour servir d'aide au pauvre vieil André, le maître d'école du village, qui n'avait plus maintenant assez de forces pour suffire à sa tâche. M. Raimond et M. Dupré avaient souvent fait la remarque qu'il serait désirable qu'un jeune homme intelligent lui fût adjoint pour le soulager en se chargeant des plus jeunes enfants. « Nous ne pouvons pas le renvoyer tout à fait, » disait M. Dupré ; « je crois qu'il en mourrait ; mais si nous pouvions lui donner un aide , ce serait une très-bonne chose. »

M. Martin entra avec beaucoup de bonté dans les projets de sa femme et offrit de payer une partie de l'entretien de Charles pendant tout le temps qu'il resterait hors de chez lui . M. Dupré dit qu'il se chargeait de l'habiller ; et la paroisse, en considération de sa longue épreuve et de son incapacité à gagner sa vie , consentit à faire le reste. Quoique l'idée seule de se séparer de Charles fût pour Henri un vrai chagrin , il avait trop de bon sens et il voyait trop bien le grand avantage que son frère retirerait de cette sé-paration pour ne pas accepter avec reconnais-sance une bonne fortune aussi inattendue. Cependant, il ne put pas cacher la répugnance qu'il éprouvait à voir son frère secouru par la paroisse.

— Je voudrais bien pouvoir payer ce qui reste, monsieur, dit-il à M. Dupré , un jour que celui-ci avait compté devant lui combien M. Martin fournirait et quelle somme la paroisse devrait payer.

— Bien, bien, mon garçon, répondit M. Dupré; mais vous ne devez pas être trop fier. Quoique j'aime à voir les gens indépendants, cependant il y a un juste-milieu en toutes choses. D'ailleurs, si jamais vous devenez assez riche (ce qui à vrai dire ne me paraît pas très-probable), **vous** pourrez rendre cet argent.

Une quinzaine de jours après, Charles Carton, qui n'était jamais allé plus loin que les champs qui entouraient sa maison, était assis à côté du cocher dans la voiture de Mme Martin, et perdait de vue rapidement les lieux où s'était écoulée son enfance. Henri fut triste pendant plusieurs jours et ses regrets furent partagés par tous les habitants de la maison. Comme vous pouvez le penser, Charles, de son côté, se sentit d'abord bien triste et bien seul ; mais comme chacun est plus habile que tout autre à décrire ses propres sentiments, au lieu de raconter son voyage et son arrivée à sa nouvelle demeure, nous reproduirons ici la lettre qu'il écrivit à Henri au bout d'une semaine :

« MON CHER FRÈRE HENRI,

« Mme Martin m'ayant dit que tu saurais par » M. Dupré que nous étions arrivés sains et saufs,

» je n'ai pas écrit plus tôt afin de pouvoir te ra-
» conter plus en détail comment je me trouvais ici.

» Notre voyage fut très-agréable. Je me sentis
» bien triste après que je t'eus quitté; mais en-
» suite, lorsque je vis les montagnes, les rivières
» et les bois, je ne pus m'empêcher d'être joyeux
» car je n'avais jamais pensé que le monde pût
» être aussi beau. En quelques endroits, la route
» passait à côté de rocs élevés. Le cocher me dit
» que c'étaient des carrières de pierres; dans les
» crevasses et sur les bords des rochers, on voyait
» de si jolies plantes : le petit serpolet rouge, les
» fougères vertes et brillantes, et bien d'autres
» espèces que je ne connais pas. Dans un autre
» endroit, nous traversâmes des marécages, qui me
» semblèrent fort tristes. Mais je ne peux plus
» rien te dire du voyage, car il ne me resterait
» pas assez de place pour tout ce que j'ai à te ra-
» conter.

» Le village que nous habitons est très-agréa-
» ble; il est situé à une lieue de la mer, que je
» n'ai pas encore vue. M. et Mme Durand, chez
» qui j'habite, sont très-bons pour moi : tu sais
» que M. Durand est le maître d'école. Lorsque
» je serai un peu plus habitué à ma nouvelle po-
» sition, je crois que je me trouverai très-bien ici;
» mais le premier soir, lorsque j'allai me coucher,
» j'étais si triste et si malheureux, que je me mis

» à souhaiter d'être resté à la maison avec toi et
» d'avoir appris le métier de tailleur plutôt que
» d'être venu ici ; cependant je repris un peu de
» courage le lendemain matin, lorsque M. Durand
» m'amena à l'école et me donna quelque chose à
» faire. Tous les enfants l'aiment beaucoup; c'est
» tout naturel, car il est très-bon pour eux.

» Tout le monde ici aime M. et Mme Martin,
» comme on aime M. et Mme Dupré chez nous. Ils
» viennent souvent à l'école. Mme Martin m'a dit
» que j'irais dîner chez elle tous les dimanches,
» parce que sa maison est à côté de l'Eglise, et
» elle pense que cela me fatiguerait de faire la
» route deux fois; n'est-ce pas bien aimable de sa
» part ?

» Il faut que je te dise à présent que M. Durand
» me donne des leçons le soir, et des devoirs à
» faire dans la journée. Le matin et l'après-midi,
» je vais à l'école avec lui et j'enseigne les tout
» petits garçons, ceux qui commencent à appren-
» dre à lire. Quelquefois, je trouve qu'il y en a
» de très-sots; mais peut-être est-ce parce que je
» n'ai pas encore l'habitude d'enseigner. Le diman-
» che, ils apprennent des cantiques et des versets
» de la Bible.

» Cher Henri, écris-moi bientôt, je t'en prie.
» Je pense à toi bien souvent dans la journée, et
» j'aimerais beaucoup t'avoir avec moi. Que je serai

» heureux lorsque je pourrai te revoir ! Je prie
» Dieu soir et matin de veiller sur toi, et je pense
» que tu en fais de même pour moi. Salue de ma
» part M. et Mme Dupré, et M. et Mme Raimond ;
» fais mes amitiés à M. et à Mme David, ainsi qu'à
» tous nos bons amis. Adieu, cher Henri, je crois
» que je t'aime beaucoup plus maintenant que je
» ne l'ai jamais fait, et j'espère que ma lettre te
» trouvera en bonne santé.

» Ton frère affectionné,

« Charles CARTON. »

Il ne serait pas facile de décrire la joie d'Henri
en recevant cette lettre. Elle fut lue et relue
par lui-même d'abord, ensuite par M. David
et sa femme ; puis elle fut montrée à M. Bertrand,
cet ami si chaud de Charles, et l'on compléta sa
célébrité en en faisant la lecture dans la salle
des domestiques, au presbytère et chez M. Dupré.

Il y a longtemps que nous n'avons pas parlé
de Joseph Carton ; nous allons maintenant jeter
un coup d'œil sur deux ou trois circonstances de
son histoire, depuis l'époque où nous l'avons
quitté. — Un garçon de treize ou quatorze
ans, commissionnaire dans un magasin, saisit
avec adresse quelques sous sur le comptoir et les

empoche à la dérobée ; son maître entre et le prend sur le fait : « Oh ! oh ! mon garçon, » dit-il, « te voilà pris, à la fin ! Le plus tôt que tu t'en iras d'ici sera le mieux, sans quoi je te procurerai une compagnie dont tu te passerais volontiers. » Cet enfant était Joseph Carton.

Un jeune garcon de seize ans, revêtu d'une livrée, est debout devant une table, à laquelle est assise une vieille dame à l'air bienveillant ; elle est évidemment sa maîtresse. Sur la table sont posées deux cuillers en argent, un couteau et deux ou trois autres objets moins précieux. « Joseph, » lui dit-elle, « il est inutile que vous essayiez de nier votre faute ; votre culpabilité est trop évidente. On a trouvé ces objets parmi vos vêtements, on vous a même vu les prendre. Vous allez faire votre paquet et quitter ma maison sur-le-champ ; je ne puis plus vous garder après ce second vol. » Ce jeune garçon est le même que nous avons vu tout à l'heure : plus avancé en âge, il est aussi plus avancé dans le vice.

Un jeune homme d'environ dix-neuf ou vingt ans se trouve à la barre d'une cour de justice. « L'accusation n'est pas prouvée, » dit le défenseur. — « Mais le crime n'est pas moins évident pour cela, » répond l'accusateur. Néanmoins, par ce qu'on appelle dans le monde « un heureux hasard, » le prisonnier fut acquitté : ainsi Joseph échappa encore une fois à un juste châtiment ; il reçut une autre occasion de s'amender et de regagner son honneur perdu. — Mais encore une scène de sa vie, et nous le quitterons.

Dans le port d'une de nos villes maritimes se trouvait un beau vaisseau prêt à mettre à la voile ; la misère et le crime formaient sa cargaison. Dans un coin du pont était assis le même jeune homme, peut-être d'un an plus âgé que lorsqu'il parut devant les juges. Il portait l'habit de laine verte des condamnés à la déportation ; sur son dos était écrit : « Justice. » Il ne pouvait pas faire un mouvement sans que l'on entendît le bruit des chaînes qu'il portait aux pieds. Sa mère pleurait avec amertume à son côté. « Oh ! Joseph, Joseph, je n'aurais pas cru que tu en vinsses là ! » disait-elle en sanglotant ; « Dieu sait si je serai en vie pour te voir revenir. Oh ! non ; sept ans, sept ans... mon cœur se brisera avant ton retour. » Et c'est ce qui arriva ; car sept mois s'étaient à peine écoulés que l'herbe croissait déjà sur sa tombe... Le vaisseau partit, emportant avec lui Carton, qui allait recevoir, sur une terre étrangère, dans la misère et dans les chaînes, la récompense due à ses crimes.

Pendant ce temps Henri, par sa bonne conduite et par son infatigable persévérance, s'élevait chaque jour dans l'estime des autres et parvenait à se faire une position. Depuis le moment où M. Dupré, sans croire qu'il pût jamais y réussir, avait fait allusion à la possibilité de rendre un jour à la paroisse l'argent que coûterait l'entretien de Charles, le désir de réaliser ce projet devint le plus vif de tous ceux qu'il nourrissait. Je ne pense pas que ce fût par un sentiment d'orgueil, toujours condamnable, mais parce qu'il aimait son frère et qu'il avait de la peine à le voir assisté, tandis qu'il avait des mains pour travailler pour lui. « Il doit en coûter moins cher d'entretenir une seule personne que deux, » se dit-il en lui-même ; « je vais donc commencer tout de suite à mettre de côté tant par semaine. » Il tint sa résolution ; son maître lui mit en réserve ses économies, se doutant bien peu à quoi elles étaient destinées. Un an environ après le départ de Charles, il arriva un événement très-heureux pour Henri. Le sous-jardinier s'en alla, et Mme Raimond demanda qu'Henri le remplaçât.

— Crois-tu qu'il soit assez fort ? dit M. Raimond à sa femme.

— Oh! oui, répondit celle-ci ; d'ailleurs il remplacera par la bonne volonté ce qui pourra lui manquer en force.

Peu de temps après Henri fut très-étonné en apprenant qu'il allait être chargé, tous les matins, de traire les vaches et qu'il gagnerait quinze francs par semaine. Quinze francs! il pouvait à peine en croire ses oreilles! « Que va dire Charles? » telle fut sa première pensée.

CHAPITRE XII.

Conclusion.

De temps à autre arrivait une lettre de Charles. Je dis de temps à autre, car il n'y avait pas alors de service de poste à bon marché, de sorte que les deux frères ne pouvaient pas échanger des lettres aussi souvent qu'ils l'auraient désiré. Chaque fois qu'Henri en recevait une, il espérait qu'elle contiendrait quelque chose au sujet du retour de Charles; car il commençait à trouver son absence bien longue et à désirer ardemment de le revoir. Mais quoique Charles exprimât sans cesse le même désir, il disait toujours qu'il ne savait pas du tout combien de temps il avait encore à rester. A la fin, un jour qu'Henri avait attendu des nouvelles de son frère plus long-temps que d'habitude, le domestique de M. Dupré lui mit dans la main la lettre suivante, qui était arrivée dans un paquet de Mme Martin :

« Mon cher Henri,

» Je suis si heureux que je puis à peine tenir
» la plume, car je dois revenir jeudi de la semaine
» prochaine. Je ne l'ai su qu'hier, lorsque Mme Mar-
» tin vint me dire qu'elle allait voir son père et
» qu'elle me prendrait dans sa voiture, de même
» que je suis venu. M. Durand trouve que je se-
» rai maintenant capable d'aider M. André à
» instruire quelques-uns des plus jeunes en-
» fants. Il dit que si je remplis bien mes devoirs
» et que l'on soit content de moi (et je ferai tout
» mon possible pour cela), je pourrai gagner
» 200 fr. la première année et 300 la seconde.
» N'est-ce pas bien joli ? Est-ce que Dieu n'est
» pas bon de m'avoir donné de tels amis ? Oh !
» Henri, je suis si heureux de penser que nous
» nous reverrons bientôt, et que nous vivrons
» de nouveau ensemble comme auparavant! Ce-
» pendant tout le monde ici est si bon pour moi
» que je ne puis m'empêcher d'être triste à la
» pensée de les quitter. Je suis si fort et si bien
» portant, que c'est à peine si tu me reconnaî-
» tras quand tu me verras.

» Fais mes amitiés à M. et à Mme David ; dis-leur

» que je n'oublierai jamais toutes leurs bontés
» pour moi ; j'espère qu'ils seront chez eux lors-
» que j'arriverai. Je descendrai chez M. Dupré
» et j'irai à pied jusqu'à la maison. Adieu, cher
» Henri, au revoir. Dieu te bénisse, ainsi que
» tous nos bons amis.

» Ton frère affectionné,
» CHARLES CARTON. »

— Eh bien ! c'est moi qui vais être contente !
dit Mᵐᵉ David, qui avait quitté son travail
pour écouter la lecture de la lettre ci-dessus. Je
ne crois pas avoir jamais été si contente depuis
le jour où le médecin me dit que mon mari était
hors de danger de cette fièvre qu'il eut, il y a
deux ans, continua-t-elle en s'essuyant les yeux
avec le coin de son tablier. Dieu soit béni pour
tout le bonheur qui arrive à ce cher enfant ! Je
l'aime presque autant que s'il était à moi... Jeudi ?
voyons un peu : oui, c'est un jour très-bien choisi.
J'aurai fini mon lavage et mon repassage ; le père
aura rendu le manteau auquel il travaille ; et nous
serons tous aussi propres et aussi brillants qu'une
épingle neuve. Il espère que nous serons à la
maison, le pauvre enfant ; où donc serions-nous ?
je voudrais bien le savoir.

— Mᵐᵉ David, dit Henri, lorsque la bonne
femme s'arrêta pour reprendre haleine, j'aimerais

qu'il y eût quelque friandise pour le dessert, si vous le voulez bien ; je paierai la dépense, vous comprenez.

— Oui, oui, je comprends, dit Mme David. Cependant il en sera comme je voudrai, ajouta-t-elle plus bas. Voici ce que nous ferons, Henri. Nous demanderons à M. et à Mme Bertrand de venir souper avec nous, ainsi qu'à votre tante. Oh ! ce sera charmant, n'est-ce pas ?

Bien entendu Henri ne le mit pas en doute, et Mme David continua à laver, s'arrêtant de temps à autre pour faire part à Henri de quelque nouvelle idée qui lui venait à l'esprit pour ajouter au bien-être et aux jouissances de Charles.

— Vous blanchirez votre chambre, Henri, dit-elle ; et moi j'essaierai d'arranger pour votre lit de vieux rideaux que j'ai par là ; j'en tirerai un bon parti, vous verrez ! Vous suspendrez aussi la petite bibliothèque à côté de la fenêtre. Maintenant que Charles devra s'instruire pour gagner sa vie, il est probable qu'il aimera mieux rester là-haut pour lire que de descendre au milieu de tout le bruit des enfants.

— Vous avez raison, Mme David, dit Henri. Que vous êtes bonne de penser ainsi à tout ! Nous pourrons aussi poser sur la fenêtre le vase de menthe et le géranium écarlate : cela fera un très-joli effet.

Enfin, le jeudi arriva. Tous les préparatifs projetés ayant été terminés, Henri se rendit chez M. Dupré pour recevoir son frère, se félicitant intérieurement que la course à faire jusqu'à la maison dût leur procurer une demi-heure de conversation intime, avant que tout le monde s'emparât de lui.

— Que tu as bonne mine, Charles, et comme tu es plus fort qu'autrefois ! dit Henri à son frère, lorsque le premier mouvement de joie se fut calmé et qu'ils furent en route pour retourner chez eux. Et tu as aussi une béquille neuve ; qu'elle est jolie !

— Oui , dit Charles , je suis fort maintenant. Ma jambe ne s'enfle plus et ne me fait plus souffrir ; c'est l'eau de mer qui a produit ce bon effet : Mme Martin m'en faisait avoir tous les matins pour y baigner mon pied et ma cheville. Elle m'a donné aussi, avant mon départ, cette béquille neuve ; tu vois qu'il y a un ressort qui joue à chaque pas que je fais ; en sorte que je marche beaucoup plus facilement. Oh ! Henri , ils ont tous été si bons pour moi ! Mais je t'aime mieux qu'eux tous, cependant ! ajouta-t-il en pressant ce bras plein de force sur lequel il s'appuyait ; j'espère que je ne serai plus jamais obligé de te quitter, Henri.

— Nous ne nous séparerons plus maintenant,

Charles. Oh ! que je suis heureux de te revoir ; et tout le monde est heureux aussi de ton retour.

C'était la vérité. Tout le monde , c'est-à-dire tous les humbles amis de Charles, étaient bien joyeux ; car ses manières pleines de douceur et de patience, son caractère aimable et bienveillant lui avaient insensiblement acquis une place dans le cœur des jeunes et des vieux.

Le souper se passa à la satisfaction de tous. Charles convainquit Mme David que son appétit avait fait des progrès sensibles. Henri, quoiqu'il ne pût rien manger, loua tout, et déclara qu'il était bien aise que Charles l'eût quitté : « Sans cela, » dit-il, « nous n'aurions jamais goûté ce plaisir du retour que nous éprouvons maintenant. »

André vint dans la soirée ; et la semaine suivante, Charles entra dans son nouvel emploi de sous-maître. Il avait toujours été le favori du vieil instituteur, et celui-ci reçut avec un grand plaisir l'assistance que Charles était maintenant capable de lui prêter. Lorsque, deux ou trois ans auparavant, M. Raimond avait proposé au vieillard de lui adjoindre quelqu'un, il s'y était opposé de toute sa force, disant qu'il ne pourrait pas supporter les nouvelles méthodes dans son école. En vain M. Raimond assura qu'il n'en voulait introduire aucune. « Cela ne peut pas aller, monsieur, » disait André, « cela ne peut pas aller ; les vieux et les jeunes ne vont jamais bien ensemble. » Cependant, lorsque Mme Martin alla le consulter au sujet de Charles, il accueillit avec satisfaction la pensée qu'il pourrait un jour lui être utile. « Oui, madame, » dit-il, « il me sera utile, sans nul doute ; c'est un garçon comme je les aime ; il n'est pas un de ces jeunes étourdis, si orgueilleux, qui croient savoir tout mieux que personne. Oui, madame, je ferai tout ce qui est en mon pouvoir pour venir en aide à Charles Carton, car il le mérite ; et même, s'il plaît à Dieu de m'épargner encore quelques années, il pourra peut-être se charger tout à fait de l'école, lorsque je ne serai plus. »

Il ne se passa pas longtemps avant qu'Henri communiquât à son frère le projet qu'il avait formé de rembourser l'argent que la paroisse avait fourni pour lui. Charles, qui ne cédait pas à Henri sous le rapport de l'indépendance de caractère, ne put s'empêcher de lui sauter au cou et de l'embrasser avec bonheur.

— Oh ! Henri, que tu es bon ! dit-il ; j'ai souvent pensé que j'aimerais pouvoir économiser assez d'argent pour le faire moi-même ; et ne voilà-t-il pas que tu formais ce projet depuis longtemps sans m'en dire un mot ! Mais je t'aiderai un peu, Henri, n'est-ce pas ? je ne dois pas enlever ainsi tous tes gages.

— Tu ne me les enlèves pas, dit Henri ; je les

donne de mon plein gré, et tu ne dois pas te mê- ler de cette affaire, ou bien je me fâcherai et je dépenserai tout mon argent pour moi, ajouta-t-il en riant.

— Oh! Henri, mais... Eh bien! je ne dirai plus rien; je ne puis pas, non, je ne sais comment te dire quel plaisir tu me fais.

J'ignore quelle était la somme exacte; mais je sais que deux ans après le retour de Charles, Henri, vêtu de ses habits du dimanche, eut la satisfaction d'entrer dans la sacristie et de déposer l'argent sur la table, après avoir respectueusement remercié les représentants de la paroisse qui y étaient réunis du secours que son frère en avait reçu, secours qui l'avait mis à même de ga- gner sa vie. Il dit que depuis le départ de son frère, il avait toujours désiré pouvoir rendre cet argent, et qu'enfin il y était parvenu au moyen de ses épargnes; il espérait que ces messieurs ne s'offenseraient pas de sa conduite; mais comme il avait de bons gages et que Charles gagnait quel- que chose de son côté, il croyait ne rien faire que ce qui était juste et honnête.

Tout le monde applaudit à sa conduite. M. Du- pré et M. Raimond lui touchèrent la main, et Henri quitta la chambre avec un sentiment de plaisir et d'honnête satisfaction qu'il n'avait jamais connu auparavant. Ce qu'il avait fait se répandit bientôt dans tout le village et parvint aux oreilles de Mme David.

— Ainsi vous ne me l'aviez pas dit, sot enfant, dit-elle en s'essuyant les yeux avec le coin de son tablier, lorsqu'elle revint de chez le voisin, où elle avait appris cette nouvelle.

— Il n'a voulu que je le disse à personne, Mme David, répondit Charles.

— Non, non, je le connais, répliqua Mme David ; mais il ne m'empêchera pas de le répéter à qui je voudrai maintenant.

Peu à peu la famille de Mme David devint trop nombreuse pour que tout le monde pût se loger à l'aise dans sa maisonnette ; et comme les deux jeunes gens avaient maintenant, ainsi qu'elle le disait, un joli petit revenu, ils pensèrent qu'ils feraient mieux de chercher une autre demeure, surtout n'ignorant pas que la bonne femme gagnait peu à les avoir chez elle ; car elle n'avait jamais voulu entendre parler d'augmenter leur loyer.

Il y avait à côté une toute petite maison, composée seulement de deux pièces et précédée d'un joli jardin ; les deux frères résolurent de l'occuper, tandis que Mme David continuerait à avoir la direction de leur intérieur. Ce fut le vingt et unième anniversaire de la naissance d'Henri qu'ils prirent possession de leur nouvelle demeure et ils rassemblèrent autour d'eux un petit groupe de chers et anciens amis pour célébrer cet événement.

A mesure que les années s'écoulaient, les infirmités de la vieillesse s'appesantissaient de plus en plus sur le digne maître d'école; aussi l'aide de Charles lui devenait chaque jour plus utile et plus précieuse. A la fin, une forte attaque de rhumatisme le retint chez lui plusieurs mois. Pendant ce temps, Charles eut la direction entière de l'école : il la conduisit si bien, que, lorsque, un an après, le vieillard, devenu incapable d'un plus long service, se retira avec une petite pension de M. Dupré, Charles, à la satisfaction de tous, fut désigné pour lui succéder. Henri ne quitta pas son ancien maître et devint jardinier en chef, un ou deux ans avant que Charles fût nommé instituteur.

Par une agréable soirée d'été, les deux frères étaient assis devant la porte rustique de leur maison; ils contemplaient les nuages, qui conservaient encore les brillantes teintes du soleil couchant, quoique le crépuscule approchât. Ils s'entretenaient des événements de leur enfance et de cette mère bien-aimée dont les leçons étaient encore gravées dans leurs cœurs. Tout à coup la porte du jardin s'ouvrit pour livrer passage à un homme grand et maigre, courbé plutôt par la faiblesse que par l'âge, et qui se trouva bientôt devant eux. Pendant un moment aucun d'eux ne parla ; l'étranger fut le premier à rompre le silence :

— Vous ne me connaissez pas, dit-il d'une voix creuse ; je m'y attendais bien.

Henri se leva et le regarda en face :

— Joseph ! s'écria-t-il, est-ce toi ?

— C'est moi, répondit l'autre. Je n'ai pas voulu vous faire honte en venant de jour ; mais j'ai pensé qu'on ne me verrait pas maintenant. Je ne resterai pas longtemps.

— Mais où vas-tu, Joseph ? Tu as l'air malade.

— Je le sais ; qui ne le serait après avoir travaillé dans les chaînes pendant sept ans ? Je sais bien que c'est ma faute. J'ai brisé le cœur de ma mère; mon père est mort aussi; il n'y a plus personne pour accueillir à la maison le criminel... J'irai demain à l'hospice ; mais j'ai marché tout le jour, parce que je voulais vous voir d'abord.

Les jeunes gens le firent entrer et se coucher, quoiqu'il semblât n'accepter leur bonté qu'avec un esprit d'ingratitude et d'amertume. Le lendemain matin, il avait une fièvre ardente ; sa raison l'abandonna bientôt, et peu de temps après Joseph Carton mourut, sans avoir prononcé une parole de regret et sans qu'une larme de repentir eût mouillé sa paupière. Dans ses rares moments de lucidité, ses cousins le pressaient avec instance d'aller chercher un refuge auprès de ce Sauveur qui ne met dehors aucun de ceux qui vont à lui ; mais il était trop tard ! sa mort fut celle d'un pécheur impénitent.

Lecteur, notre histoire est finie. Sans doute, elle pourrait servir de texte à bien des réflexions utiles ; mais nous préférons la terminer par quelques mots simples, mais pleins d'instruction, tirés de la sainte Ecriture : « La crainte de l'Eternel accroît le nombre des jours, mais les ans des méchants seront retranchés. L'espérance des justes est la joie ; mais l'attente des méchants périra. La voie de l'Eternel est la force de l'homme intègre ; mais elle est la ruine des ouvriers d'iniquité. Le juste ne sera jamais ébranlé ; mais les méchants n'habiteront point sur la terre » (Prov., X, 27-30). — « Celui qui vaincra héritera toutes choses, et je serai son Dieu, et il sera mon fils » (Apoc., XXI, 7).

FIN.

TABLE DES MATIÈRES.

FIN DE LA TABLE DES MATIÈRES.